SEV Yayıncılık Eğitim ve Ticaret A.Ş.
bir Sağlık ve Eğitim Vakfı kuruluşudur.
Nuhkuyusu Cad., No. 197 Üsküdar İş Merkezi, Kat 3,
34664 Bağlarbaşı, Üsküdar, İstanbul
Tel.: (0216) 474 23 43 • Sertifika No. 45278

İstasyonda Vals

Yazan: Burcu Aktaş
Resimleyen: Elif Onat
Yayın Yönetmeni: S. Baha Sönmez
Editör: Bahar Ulukan
Son Okuma: Burcu Ünsal Çeküç
Baskıya Hazırlayan: Hüseyin Vatan

Birinci Baskı: Mart 2024

ISBN: 978-625-6998-36-0

Kütüphane Bilgi Kartı:
Aktaş, Burcu
İstasyonda Vals
1. Çocuk Edebiyatı 2. Roman
İstanbul, SEV Yayıncılık, 2024, 128 Sayfa
ISBN: 978-625-6998-36-0

Baskı: İmak Ofset
Akçaburgaz Mah., 137 Sok., No. 12, 34522
Esenyurt, İstanbul • Tel.: (0212) 444 62 18
Sertifika: 71320

İSTASYONDA VALS

BURCU AKTAŞ

Resimleyen

Elif Onat

REDHOUSE
kidz

1

Gökyüzüne yaklaşmanın en kısa yolu

İkisi de karanlıkta yalnız olduğunu sanıyordu. Havanın aydınlanmasına az bir zaman kala dönme dolaba binmişlerdi. Sadece beş dakika arayla...

Biner binmez kabinin döşemesine uzanıp dizlerini karınlarına doğru çektiler. Cenin gibi... Saklandılar.

Dönme dolabın soldan ikinci kabinindeki Armağan, kemerine taktığı ses kayıt cihazını kimbilir kaçıncı defa kontrol ederken hava yavaş yavaş aydınlanıyordu. Sağdan ikinci kabindeki Karaca, yattığı yerden bağcıklarını bağlıyordu.

Karıncalar kadar sessiz hareket ettikleri için birbirlerini fark etmeyen bu iki çocuk, günü başlatan sesi işitince oldukları yerde iyice küçüldüler.

İstasyon şefinin bisikletinin gevşeyen çamurluğundan çıkan ses, günün başlangıcı demekti İstasyon Meydanı için. Bu sesi bekliyor gibi canlanıverdi meydan. Pencereler açıldı, ayak sesleri duyuldu, aynı anda açılan musluklardan akan sular coşan bir nehir gibi gürledi. Öksürenlerin sesi şarkı söyleyenlerinkine karıştı. Yatağını toplarken yastığını kabartanların *pat pat*, pantolonunun fermuarını çekenlerin *zıııt*, karyolasından hızla kalkanların belinden gelen *çııt* sesleri, bardağın içini dolaşan çay kaşığı tıngırtısı tarafından bastırıldı. Balerin Naci'nin pantolon askılarının göğsünde şaklamasıyla sona erdi bu zincir.

Şaklama sesini nerede duysa tanıyan Armağan, babasının birazdan lunaparkı açacağını bildiği için yattığı yerde hafifçe gülümsedi.

Çok geçmeden çocuklar Balerin Naci'nin ayak sesini duydular. Ezbere biliyordu ikisi de olacakları. Balerin Naci önce atlıkarıncayı çalıştıracaktı. İlk müşteriler gelene kadar boş dönecekti atlıkarınca. Adam salıncağı, balerini ve dönme dolabı kontrol etmek için çalıştırıp yarım turda durduracaktı.

Balerin Naci salıncağın kontrol kabinine gidip düğmeye bastı. Yarım turda durduruverdi. Balerin eteğini

savuracakken, "Bu da tamam," diyerek dönme dolaba doğru yürüdü.

Karaca, hareket ettiklerini hissettiği anda heyecanla eliyle ağzını kapadı. Armağan'ın eli ses kayıt cihazındaydı.

Çocukların kabinleri yukarı çıktığında dönme dolap durdu. Balerin Naci dönme dolabın yanından ayrılıp korku tüneline doğru yürümeye başladı.

En tepede duran boş kabinin solundaki Armağan ve sağındaki Karaca aynı anda ayağa kalktılar. Kalkar kalmaz da birbirlerini gördüler. Önce şaşırdılar ama şaşkınlıkları fazla sürmedi. Armağan belindeki ses kayıt cihazını, Karaca da gökyüzünü göstererek güldü.

Armağan, "Bugün lodos çıkacakmış, sesini kaydetmeye geldim," dedi fısıldayarak.

Karaca, "Uykum kaçtı. Çok sıkıldım. Gökyüzüne yaklaşmak iyi şans getiriyor," diye karşılık verdi.

Armağan, Karaca'ya göz kırptı. "Şimdi sessiz ol, kayda başlıyorum," diyerek uyardı onu.

Karaca başını salladı.

Kayıt tuşuna basıp tek eliyle gökyüzüne doğru kaldırdı cihazı. Armağan'ı bekliyormuş gibi rüzgâr o anda esmeye başladı. Karşı kabindeki Karaca, uçuşarak yüzünü kapatan saçlarının arkasından bulutlara baktı.

O sırada Balerin Naci çarpışan arabaların yanındaydı. Kontrol kabinindeki düğmeye basar basmaz koşarak pistteki arabalardan birine atladı ve gaza bastı. Hafif bir rüzgâr gibi tatlı tatlı esti pistte. Kısa bir tur attıktan sonra, aynaların yer aldığı odaya doğru yürüdü. Odaya girer girmez incecik ve upuzun bir Balerin Naci'yle karşılaştı. Sanki üç metreydi boyu. Bir kahkaha patlattı.

Dönme dolabın tepesindeki Armağan, boşta kalan elini bir oraya bir buraya yavaşça oynatıyordu. Bir orkestra şefi gibiydi âdeta. Yüzündeki ifadeden çok memnun olduğu belliydi. Karaca ise merakla uzaklara doğru bakıyordu.

Balerin Naci aynalı odadan çıkıp penaltı noktasına doğru yürürken dönme dolabın tepesinden Karaca'nın çığlığı duyuldu. "Geliyorlar, geliyorlaaar!" diye bağırdı çığlığın ardından.

Balerin Naci sesin geldiği yöne doğru baktı. Karaca'nın sesi meydana yayılırken her yan siyah beyaz oldu. Sadece iki renk vardı. İstasyonda, şık ve eski tarz giyimli bir grup adam trenin arkasından yürüyordu. Kalabalıkta yanındaki arkadaşına parmağıyla treni işaret edenler çoğunluktaydı. Hep beraber yavaş yavaş aynı yöne doğru gülerek ilerlerken, kimi zaman el sallamayı kimi zaman da şapkalarını çıkararak selam vermeyi ihmal etmiyorlardı. Derken siyah beyaz görüntü sona erdi.

Film Mehmet, makinist odasından dışarı çıktı. Boş koltukların arasında dolaşırken, "Bugün de senin için dede ve elbette benim için," diyerek İstasyon Sineması'nı açtı.

Çocukları tepeden indirmek için dönme dolabı çalıştıran Balerin Naci, "Aynı ben," diye söyleniyordu. Kabinleri yere iner inmez Armağan ve Karaca, Balerin

Naci'nin yüzüne bile bakmadan koşmaya başladılar. Lunaparkın henüz açılmayan sürgülü kapısının üzerinden atladılar. Balerin Naci bir süre çocukların arkasından koşsa da peşlerini çabuk bıraktı. Bu sabah sürprizi hoşuna gitmiş olacak ki keyifli bir kahkaha patlattı.

Armağan ve Karaca yere çakılmak üzere olan bir uçurtma kadar hızlıydılar. İstasyona doğru koşuyorlardı. Armağan'ın ses kayıt cihazı hâlâ çalışıyordu. Dükkânlarını açanlar, tozu dumana katan iki çocuğa sakince baktılar. Lodos, önüne ne çıkarsa uçuruyordu. İstasyon Pastanesi'nin önündeki iki çocuktan birini, kapıların çarpma sesini, sabah mahmurluğunu, İstasyon Çiçekçisi'nin özenle demet yaptığı karanfilleri...

Armağan ve Karaca istasyona vardıklarında tren gara yaklaşıyordu.

O sırada Balerin Naci sürgülü, koca demir kapıyı iterek akşamın geç saatlerine kadar dolup taşacak İstasyon Lunaparkı'nı açtı.

Karaca, tren gara varır varmaz bir baştan diğer başa koşmaya ve trenin içine doğru telaşla bakmaya başladı. Belli ki aradığı biri ya da birileri vardı. Armağan ise kemerine taktığı ses kayıt cihazını eliyle tutarak Karaca'nın arkasından koşuyor, bir yandan da kaset dönüyor mu diye bakıyordu.

Karaca son vagonun hizasına geldiğinde, "Buradalar!" diye heyecanla bağırdı.

Ellerinde müzik aletleri olduğu anlaşılan beş adam inmeye hazırlanıyordu.

Karaca sevinçle Armağan'a sarıldı.

"Sarılma sesi kayıtta çıkar mı ki..." diye kendi kendine söylendi Armağan.

Beş kişilik orkestra, çocuklar sarılırken inmiş şimdi onlara gülerek bakıyordu.

İlk konuşan Kemancı Cemi oldu: "Oğlum, yine mi kayıt!"

Armağan, "Tabii ki," diyerek cevap verdi, ses tonundan bununla övündüğü belliydi.

Kemancı Cemi, "Aferin sana," dedi tebessüm ederek.

Karaca ilginin Armağan'da toplanmasına sinir oldu ve bir hışımla araya girdi. "Hadi ama geç kalıyoruz, bir an önce sinemaya gidelim."

Akordiyoncu Salih, "Telaş etme, daha çok vaktimiz var," dedi gülerek.

"Haydi, üzmeyelim bu tatlı kızı," diye ekledi Kontrbasçı Cevdet, Karaca'nın başını okşayarak.

Müzisyenler ve iki çocuk meydana doğru yürümeye başladı.

İstasyon Meydanı'ndaki dükkânlar açılmıştı. Orkestra ve Karaca herkesle selamlaşırken Armağan arkalarından geliyordu. Ses kayıt cihazını dikkatlice göğüs hizasında tutuyor, kimin sesi gelse o tarafa doğru yöneliyordu.

2

Orkestra neşeli ve hüzünlü bir güne benzer

Orkestra, sinema perdesinin önündeki yerine geçti. Karaca, müzisyenler oturur oturmaz duvardaki düğmeye bastı ve beş adamın oturduğu alan inmeye başladı. Orkestra çukuru, koltuklardan daha aşağıdaydı. Müzisyenler enstrümanlarını özenle kutularından çıkardılar. Karaca da yanlarına atladı. Yüzleri sinema perdesine dönük, hilal şeklinde dizilmiş sandalyelerine oturdular. Her müzisyen kendi sazını akort etmeye başladı. Bu sırada Karaca önlerindeki nota sehpalarını düzeltiyordu.

Kemanını çenesinin altına sabitlemiş Kemancı Cemi, burnunun ucuna kadar düşen gözlüğünü başparmağıyla geriye itiverdi. Hep ciddi ve kendinden emin bir

duruşu vardı. Sesi, kemanınınkine çok benzerdi. Pes seslerle sakince konuşmaya başlar, sonra birden tizleşir ve tizleştiğinde söylediği her söz insanın kalbinde bir yere dokunurdu.

Kontrbasçı Cevdet'in çok güzel elleri vardı. Enstrümanını çalarken en çok onlar görünürdü. Boyu kısa olduğu için enstrümanının arkasında neredeyse kaybolurdu. O güzel elleri tellerin üzerinde gezinirken, bu aleti çalmak çok kolaymış gibi görünürdü.

Klarnetçi Kenan ince, uzun yüzlü bir adamdı. Enstrümanını dudaklarına yerleştirdiğinde sanki yüzyıllardır öyle duruyormuş sanılırdı. Bıyıkları klarnetine çok yakışırdı. Yerinde duramayan bir hali vardı hep. Oturarak çaldığında bile sol ve sağ omzunu sırasıyla oynatırdı. Uzaktan bakıldığında, siyah smokin giymiş biri gibiydi klarneti.

Trompetçi Saffet içlerinde en genç olanıydı. Neredeyse beş-altı yaşından beri trompet çalıyordu. Babası ve dedesi de trompetçiydi. Yakışıklıydı, atletik bir vücudu vardı. Enstrümanını çalarken yanaklarında beliren gamzeleri ona çok yakışırdı.

Akordiyoncu Salih ise en yaşlılarıydı. Yıllardır çaldığı akordiyon, üzerinden hiç çıkarmadığı bir yelek gibi duruyordu artık. Kocaman göbeğinin üzerindeki aleti çaldığı zaman, açılan ve kapanan akordiyonun hareketlerine hayran olmamak mümkün değildi. Bilgece lafları vardı. Orkestranın neşeli ve hüzünlü bir güne benzediğini söyleyip dururdu.

Film Mehmet orkestranın yanına geldiğinde, yere bağdaş kurarak oturmuş, müzisyenlere hayran hayran bakan kızını gördü.

Babasını fark eden Karaca ayağa kalktı. Heyecanla, "Başlıyoruz değil mi?" diye sordu.

Film Mehmet orkestraya baktı. Kemancı Cemi'den onay aldıktan sonra, "Evet, başlıyoruz," dedi gülerek.

Provaya hazırlanan müzisyenler nota sehpalarının üzerindeki sayfaları karıştırırken Film Mehmet makinist odasına gitti.

Kemancı Cemi arkadaşlarıyla konuşuyordu: "Geçen hafta çalıştığımız gibi. Sahneler belli zaten. Film başlasın, provada çalıştığımız parçaların üzerinden geçelim."

Bütün müzisyenler başıyla onayladı.

Siyah beyaz, sessiz film başladı. Orkestra şevkle çalmaya koyuldu. Karaca da hilal şeklinde dizilmiş sandalyelerin bir ucunda yine yerde oturmuş, müziği dinleyerek filmi izliyordu.

Filmin ilk otuz dakikası boyunca prova yapan orkestra, her şeyin yolunda gittiğinden emin olduktan sonra müziği sonlandırdı.

Kemancı Cemi kemanının yayını, arşeyi havaya kaldırarak Film Mehmet'e hazır olduklarına dair işaret yolladı.

Film durunca Karaca, "Gişeye geçiyorum babaaa!" diye bağırdı.

Film Mehmet odadan çıkmış koltukların arasında gezinirken, "Daha erken ama sen bilirsin," dedi kızına.

Karaca'nın ilk işi filmin adını bir kâğıda yazıp cama yapıştırmak oldu. Daha sonra bilet koçanlarının üzerine koltuk numaralarını yazmaya başladı.

Film Mehmet orkestra çukurunu düğmeye basarak yukarı çıkarırken, "Saat ona beş kala görüşürüz o zaman," dedi müzisyenlere.

"Bir şey olursa her zamanki gibi Nevin'in oradayız," dedi Akordiyoncu Salih.

Müzisyenler, sabah ondaki ilk ve akşam sekizdeki son seansı beklerken genellikle İstasyon Pastanesi'nde vakit geçirirlerdi. Nevin Hanım'ın kurabiyeler, kekler ve pastalarla bir dantel gibi bezediği vitrini görmek dünyalara bedeldi.

Nevin Hanım'ın orkestranın müzik aletlerinden ilham alarak yaptığı tatlılar, müşterilerin en sevdiği tatlar arasına girmişti. Klarnet ve trompet tatlısı insanın içine âdeta nefes üflüyor gibiydi. Kontrbas tatlısından bir parça ısırır ısırmaz ağzın içi, dağılıveren muhteşem bir kekle doluyordu. Konuşmaya çalışınca en az müzik aletininki kadar bas bir ses çıkıyordu. Keman tatlısının tatlı ekşi bir tadı vardı. Şeker ve mayhoşluğu bir arada sevenler için birebirdi. Akordiyon tatlısının ise ağızda kaldıkça tadı değişiyor, gitgide güzelleşiyordu.

Tıpkı akordiyonun klavyesinin üzerinde bir gamı tamamlamak gibiydi.

Klarnetçi Kenan, "Dün en çok hangi tatlıdan yediler?" diye merakla sordu.

Nevin Hanım ufak bir kahkahayla karşılık verdi bu soruya. "Hepsinin tutkunu ayrı Kenan Bey," dedi keyifle.

Tezgâhın arkasında bembeyaz önlükleriyle duran Nevin Hanım, oğlu Erdem ve kızı Elif bir anda inci dişler gibi göründü Klarnetçi Kenan'ın gözüne.

Akordiyoncu Salih, "Bize bugün layık gördüklerinizle güne başlayalım o zaman," diyerek bakışlarını kurabiyelerde ve keklerde gezdirdi.

Müzisyenler büyük bir iştahla pencere kenarındaki masaya oturdular.

3

Mobiletle ya da sığırcık sürüsüyle meydan turu

Pastanenin önünden geçerek gara doğru giden istisnasız herkes, pencere kenarındaki masada oturan müzisyenlere bakıyordu. İyi bir ressamın fırçasından çıkmış bir tablo gibi görünüyorlardı. Zorlukla sığdıkları masanın etrafında keyifle kurabiye ve kek yiyen mavi takım elbiseli beş adam... Onlar cennette olduklarını düşünürken İstasyon Meydanı tıkır tıkır işleyen bir saat gibiydi.

Derken sanki bu saat çalmaya başladı, Bebek Amca'nın mobiletinin sesi duyuldu. Sonunda garın olduğu bu ufak meydana girdiğinde, sağdaki sinema ve pastaneyi geçerek onların az ilerisindeki sahibi olduğu çiçekçiye doğru sürdü mobileti. Bebek Amca'yı, her tarafı sarmaşıklarla kaplı iki katlı dükkânın önünde torunu Yunus bekliyordu. Mobiletin yaklaştığını görünce arka seledeki çiçekle dolu sepeti indirmek için hazırlandı. Ama dedesinin yavaşlamadan hızla üstüne geldiğini görünce can havliyle kendini yere attı.

Bebek Amca, "Yine durmuyoooor Yunuus!" diye bağırırken mecburen direksiyonu sola kırıp az önce önünden geçtiği dükkânların tam karşısındaki yola döndü. İstasyon Berberi'ni geride bıraktı, lunaparka doğru ilerledi. Berber dükkânının önüne çıkan Burhan, mobiletin arkasından bakıyor ve Bebek Amca'yı alkışlıyordu.

Meydandaki kalabalık mobiletin önüne çıkmamak için çaba gösteriyordu. Alışmışlardı ara ara tekrarlanan bu gösteriye.

"Bakalım durana kadar kaç tur atacağız," diyerek söylendi Bebek Amca kendi kendine. Lunaparkın önüne geldiğinde mobiletin arkasından Armağan koşmaya başladı, elinde tabii ki ses kayıt cihazı vardı.

O esnada anneleriyle meydandan geçen, durgun bir deniz kadar sakin çocuklar, sözleşmiş gibi annelerinin elinden kurtuluverdi. Bebek Amca önde, Armağan arkada, onun da arkasında dört çocuk... Yunus kendini attığı yerden gülerek izliyordu olanları.

Çocukların bağırışlarından annelerinin azarları duyulmuyordu bile.

Gülerek, "Günaydın Bebek Amca," diye bağırdı Armağan.

Bebek Amca, "Sana da Armağan, sana da... Bir yardım et, durayım," dedi çaresizce.

Armağan ses kayıt cihazını kemerine takarken Bebek Amca direksiyonu bir kez daha kırmış, sinemanın önüne gelmişlerdi. Ve nihayet Armağan mobiletin arka selesine asılıp ayaklarını yere sürterek mobileti yavaşlatmayı başardı. Pastanenin vitrini önünde ancak durabildiler. Armağan'ın peşindeki çocuklar hız kesmeden annelerinin yanına doğru koştu. Hiçbir şey olmamış gibi tekrar annelerinin ellerini tuttular. Konuyu kapamanın ustası olmuşlardı artık.

Kemancı Cemi, önlerinde duran çocuğa ve ihtiyara elindeki limonata bardağını kaldırarak selam verdi.

Bu adamda ne zamandır beni rahatsız eden bir şey var, diye düşündü Bebek Amca.

Yunus koşarak dedesinin yanına geldi ve Armağan'a çak yaptı. "Kayıt sesini merak ediyorum dinletsene," dedi heyecanla.

Armağan sevinçle kaseti biraz başa sardıktan sonra

dinletmeye başladı. Mobiletin karasinek gibi çıkan sesini ve yere sürtünen ayak seslerini dinlerken gülüştüler hep beraber.

"Çok iyi olmuş," dedi Yunus.

Bir kere daha ellerini çaktılar.

Az önce durumla eğlenen Burhan koşarak yanlarına geldi. "Dükkânın önüne kadar iteyim," deyip mobileti direksiyonundan tuttu.

Armağan, "Ben korku tünelinde kayda gireceğim," diyerek yanlarından uzaklaştı. Yürürken kayıt cihazının içindeki kasetin diğer yüzünü çevirdi.

Burhan, Bebek Amca ve Yunus çiçekçinin önüne geldiklerinde Burhan, Yunus'un ensesindeki saçları parmaklarının arasına alarak, "Uzamış, gel de bir ara keselim," dedi.

"Okullar açılana kadar kestirmeyeceğim. Az kaldı zaten," dedi Yunus, dedesine bakarak.

"Bu aralar benim torundan sana iş yok Burhan," deyip kahkahayı bastı Bebek Amca.

Burhan bozuldu, tam ağzını açmıştı ki araya bir kadın sesi girdi:

"Burhan Bey, sizi bekliyorum."

Dükkânının önüne koşarak giden Burhan'ın,

"1920'lerdeki modeller gibi bir şey yapalım, yüzünüze çok yakışır," diyen sesi duyuldu.

Burhan'ın sesi gitgide uzaklaştı, dükkândan içeri girdiklerinde meydan o gün yolu oraya düşenlere, gökyüzüyse lodosa aldırmayıp göçe başlayan binlerce sığırcığa kaldı.

Çevre kasabalardan gelen sayısız insanla dolan İstasyon Meydanı'nın üzerinde sığırcıklar âdeta vals yapıyordu.

Birden göğü basan sığırcıkları fark eden kalabalık onları izlemeye başladı. Sürü, lunaparkın üzerinde toplandı. O sırada dönme dolapta olanlar kendini şanslı hissetti. Armağan'sa her şeyden habersiz korku tünelindeydi. Balerinin kontrol kabinindeki Balerin Naci, aleti çalıştırıp dışarı koştu ve kuşları izlemeye başladı. Kuşların dansından etkilenmiş olacak ki kendini romantizmin ve nostaljinin kucağına bıraktı. Aklına balerine kafayı taktığı yıllar geldi. Önce kendi yapmaya çalışmış, yapamayınca şehirden bir usta getirmiş ve hatırı sayılır bir para karşılığında bu aleti yaptırmıştı. Lakabı bu inadından kalmaydı.

O, geçmişi hatırlarken sığırcıklar İstasyon Çiçekçisi'nin üzerine kıvrak bir hareketle geçiş yaptı. Uzaktan ve yakından bakıldığında bir çocuk gibi görünen, sakalı hiç çıkmayan Bebek Amca'yla Yunus ellerindeki çiçekleri bir kenara bırakarak gösteriyi izlemeye başladılar. "Havalar yakında soğumaya başlayacak ya, sonbaharın ortalarında... göç etmeye başladılar," diye torununa açıklama yaptı.

Sığırcıklar, tuhaf bir şekil alarak, İstasyon Berberi'ne doğru uçtu. Duydukları seslere dayanamayan Burhan ve müşterisi kadın çoktan dışarı çıkmış, ellerini gözlerine siper etmiş gökyüzüne bakıyorlardı. Burhan'ın elinde tıraş fırçası, kadının saçında sayısız bigudi vardı. İçeriden yüzünün yarısı köpüklü bir adam daha çıktı. "Burhan ne mobilet merakın ne de kuş gözlemciliğin bitiyor," diyerek isyan etti. Ama o da kendini gökyüzündeki valsi izlemekten alıkoyamadı.

Elif ve Erdem beyaz önlüklerinin cebine ellerini sokmuş, tüm dişleri görünecek şekilde sırıtarak sürünün pastaneye doğru gelişini kapı önünde anneleri Nevin Hanım'la birlikte izliyorlardı. Gösterinin bir saniyesini bile kaçırmamak için öyle bir fırlamışlardı ki dışarı, tezgâhta duran aileden kalma tarif defterini düşürdüklerini fark etmemişlerdi. Pastanede kalan müzisyenlerse yemeğe devam ederek pencereden sürüyü izlemeye çalışıyordu. İçlerinden sadece biri sığırcıklarla ilgilenmiyordu: Kemancı Cemi. Yere düşen tarif defterini almış, karıştırıyordu. Üç kuşağın tüm sırlarını öğrenme hevesindeydi. Arkadaşlarının uyarısıyla defteri tezgâhın üstüne koydu.

Sürü topluca takla atar gibi yapıp sinemaya doğru uçtu. Kuşlar sinemanın üzerine geldiğinde, kalabalık bir süredir devam eden bu muhteşem gösteriyi alkışlamaya başladı. Karaca ve Film Mehmet alkışı kendileri almış gibi gururlandılar.

Baba kız zevkle sürüyü izlerken birden İstasyon Sineması'nın önünde, yerde, üzerinde Film Yaşar'ın fotoğrafının olduğu döşeme kuş pisliğine bulandı. Herkes kahkahalarla gülmeye başladı. Film Mehmet de gülüyordu. "Uğurdur," deyip cebindeki mendili çıkarıp dedesinin yüzünü temizlemeye başladı.

Sessiz film merakı, Film Yaşar'dan mirastı. Her şey, Yaşar'ın yolunun Kudüs'e düşmesiyle başlamıştı. Lumière Kardeşler olarak bilinen iki yönetmen, Kudüs Tren İstasyonu'nda film çekerken Yaşar sinemayla tanışmıştı. Trenin gardan ayrılışını anlatan *Kudüs'ten Trenle Ayrılış* adlı filmde Yaşar da oynamıştı; trene el sallayanların arasındaydı. İstasyon Meydanı'na

İSTASYON
BERBER

döndüğünde sinemaya artık kafayı takmış bulunan Yaşar, o zamanlar çekilen sessiz filmleri bir dedektif gibi takip etmiş, denizaşırı yolculuklar yapıp kimi zaman ailesini bile unutmuştu bu heves için. Bilmediği dilleri az buçuk öğrenip nerede ne çekiliyor takip etmeye çalışmıştı ömrü boyunca. Ve nihayetinde Film Yaşar diye anılmaya başlamıştı. Sinema merakını oğluna bırakmıştı sonrasında. Film Mehmet'in babası Film Hasan, şimdi üzerinde sığırcıkların uçtuğu sinema salonunu açtığında oynatacağı filmler belliydi. Babasının peşinden koştuğu o sessiz filmler... Film Mehmet'e ise babası ile dedesinin hatırasını ve ona bıraktıkları işi yaşatmak kalmıştı. Bugüne kadar babasının düzenini bozmamış, seyircilere orkestranın müzik yapmadığı tek bir film bile izletmemişti. Kendi düzenini de kurmuştu üstelik. Üç hafta boyunca iki film seçip bir gün birini, ertesi gün diğerini gösteriyordu.

Film Mehmet nihayet dedesinin yüzünü tertemiz yaptı. Karaca gösterinin tadını çıkarırken panikle saatine baktı. Günün ilk seansının başlamasına az kalmıştı. Sığırcıklar da bunu biliyormuş gibi bulut şeklini alarak meydanı terk etmeye başladı.

Kanatlı misafirlerini uğurlayan İstasyon Meydanı,

güne kaldığı yerden günübirlik misafirleriyle devam etti. Birbirinden sıkıcı çevre kasabalardan bu meydana gelenlerin bazıları lunaparkın, bazıları yaptığı saç modelleriyle ilgi odağı olan berberin, bazıları sessiz filmler gösteren sinemanın, bazıları kendine has tatlı ve kurabiyeleriyle meşhur pastanenin, bazıları da dünyada en güzel çiçek buketlerinin satıldığı çiçekçinin müptelasıydı.

Dedelerinden miras kalan işleri yapan ve yaz kış meydanda oturan esnaf, buranın aslında herkese bir vaha sunduğunun pek de farkında değildi.

4

Başkalarının hikâyeleri

Sinema salonundaki seyirciler, heyecanlı bir sahne izliyormuş gibi, kırmızı kumaş perdeye bakıyordu. Orkestra yerini çoktan almıştı.

Kemancı Cemi, Karaca'ya işaret verir vermez küçük kız ipi çekip perdeyi açtı. Sonra bir koşu gidip ışıkları kapadı. Her yanın karanlık olmasıyla birlikte on seansına zar zor yetişmiş ve henüz yerine oturamamış bir iki kişi karanlıkta tökezleyerek koltuklarına yerleşti.

Film Mehmet'in filmi başlatmasıyla seyircilerin yüzüne o büyülü beyaz ışık yansıdı.

Filmin adı -**Sherlock Jr.**- sinema perdesinde görünür görünmez kemanın tiz sesi duyuldu.

İlk sahnede, bir sinema salonunun arka sıralarında

oturan, fötr şapkalı bir adam vardı. *Nasıl Dedektif Olunur* adında bir kitap okuyordu. Salonda tek başınaydı. Bir süre sonra okuduğu kitabı yüzünden indirip parmağını yaladı ve kitabın arka kapağına bastı. Cebinden çıkardığı büyüteçle arka kapakta çıkan ize bakıp hemen kitabına geri döndü. Derken sinemanın sahibi geldi ve adama kızıp işine dönmesini emretti.

Tam bu esnada orkestranın geri kalanı müziğe dahil oldu. Seyirciler bir kez daha bu beş müzisyene hayran kaldı. Çaldıkları her nota, sesi olmayan oyuncuların hareketlerini anlamlandırıyor, onların duygularını anlatıyordu. Az önce Nevin Hanım'ın pastanesinde tatlı yedikçe ağırlaşan beş adamdan eser yoktu. Hepsi de kendi enstrümanını çalarken bir kuğu gibi zarif hareket ediyordu.

İstasyon Sineması'ndakiler, dedektif olmaya çalışan film makinistinin hikâyesini pürdikkat izliyordu. Boğazlarını temizleyip ses çıkarmak istemedikleri, en ufak ayrıntıyı kaçırmamak için gözlerini bile kırpmadıkları bir sahnenin ortasındayken yerinden memnun olmayanlar bir fısıltı dalgası yarattı. Önüne uzun boylu ya da kabarık saçlı biri oturanlar kıpırdanmaya, bir o yana bir bu yana hareket etmeye başladılar. Kendine iyi bir açı bulmaya çalışanlar "Şşşt, şşşt!" sesleriyle uyarıldı.

Fısıltı karmaşası tam bitmişti ki bu kez bir cips ambalajının çıkardığı hışırtı, uyarıların tekrar başlamasına sebep oldu.

Işıkları kapatır kapatmaz soldaki ve sağdaki koltuk grubunun ortasındaki merdivenlere oturan Karaca, dayanamayıp duruma müdahale etti. Elindeki feneri fısıltıların geldiği yöne doğru tuttu ve iki kere yakıp söndürdü. Bu, kendi aralarında kullandıkları bir uyarı işaretiydi. Mesajı alan seyirciler susuverdi. Neredeyse nefes almaya bile çekinir hale gelmişlerdi.

Derken o anlamlı sahneye sıra geldi: Sinema salonunu dolduran onlarca insan film izliyor, perdenin hemen önündeki orkestra ise müzik yapıyordu.

Herkesin yüzünde bir tebessüm belirdi. Sahne değişip film makinistinin odasına geçtiğinde, makinistin taburede uykuya daldığını gören seyirciler kahkahalarla Film Mehmet'in odasına doğru dönüp baktılar. Fazla oyalanmadan önlerine dönerek filmi izlemeye devam ettiler. Az önce gülen seyirciler birkaç sahne sonra gördükleri manzara karşısında önce şaşırdılar, sonra büyülendiler.

Tabure üstünde uyuklayan makinist, vücudundan

çıkıp aşağıya sinema salonuna iniyordu. Uykuya dalan hali ise hâlâ taburedeydi. Salona inen hali şeffaf bir görüntü gibiydi. Derken sinema perdesinin önüne gidip filmin içine doğru bir adım attı ve filme dahil oldu. Çalınan inci kolyenin soruşturmasını yapan bir dedektifti artık.

Bu sahneden sonra **Scherlock Jr.** herkes için daha ilgi çekici hale geldi.

Orkestra çaldığı parçanın ritmini hızlandırdı, derken yumuşak bir geçişle vals çalmaya başladı.

Hırsızların peşindeki Sherlock Jr. vals eşliğinde kâh çatıdan düşüyor kâh sürücüsü olmayan bir motosikletin gidonu üzerinde şehri turlayıp hırsızları yakalamaya çalışıyordu. İstasyon Sineması'ndakilerse onu heyecandan ağzı açık izliyordu.

Bir dedektiflik filmi gösterirken ona dahil oluveren makinistin hikâyesi seyirciyi o kadar etkiledi ki **THE END** yazısı perdede belirdiğinde olanları birbiriyle konuşmak için küsler barıştı, birbirini tanımayanlar tanıştı.

Bir yandan da avuçları patlarcasına orkestrayı alkışlıyorlardı.

Bu sırada orkestra çukuru yavaş yavaş yükseldi,

ÇIKIŞ
THE END

yüzünü salona dönen müzisyenler ile seyirciler göz göze geldi. Sandalyelerinden kalkıp öne doğru eğilerek selam veren beş müzisyen her zamanki gibi dakikalarca ayakta alkışlandı.

Hallerinden gururlandıkları belliydi. Sinema tamamen boşalana kadar ayakta durmaya devam ettiler.

5

Kendi hikâyelerini yazanlar

Sinemanın kapısından meydana dağılanlar, yuva deliğinden dışarı çıkan yüzlerce karınca gibi görünüyordu.

Kendi hayatlarından uzaklaşıp başkalarının hikâyelerine tanık olmuşlardı. Sıra, kendilerininkini yaşamaya gelmişti.

Oradan oraya koşturan bu rengârenk kalabalığın içinde, hiç hareket etmeden duran uzun boylu, iriyarı, genç bir adam vardı. Lunaparkın önünde dikiliyordu.

Çaldıkları parçaları konuşarak sinemadan çıkan müzisyenler, dinlenmek için Nevin Hanım'ın pastanesine yönelmişlerdi ki Kemancı Cemi, lunaparkın önünde bekleyen adamı gördü. Bir anlığına durdu ama kendini hemen toplayıp yürümeye devam etti. Kemancının yüzü bembeyaz olmuştu. Arkadaşları bir şey fark etmemişti.

İstasyon Pastanesi'ne girdiklerinde her zamanki yerlerinin dolu olduğunu gördüler. Masada oturanlar orkestrayı görür görmez ayağa kalktılar. Trompetçi Saffet teşekkür etti masanın eski sahiplerine ve yerlerine oturdular.

Masaya yerleştiklerinde Kemancı Cemi'nin kireç gibi yüzünü fark etmeleri uzun sürmedi.

Akordiyoncu Salih, "Cemi tansiyonun mu düştü?" diye sordu.

"Bilmiyorum, olabilir," deyip konuyu geçiştirmeye çalıştı Kemancı Cemi.

Klarnetçi Kenan, "Yok, bir şey olmuş. Hiç böyle görmemiştim seni," dedi.

"Yukarıya, bizim eve çıkıp dinlenin isterseniz," diye araya girdi Nevin Hanım.

Kontrbasçı Cevdet, "İyi fikir," diyerek onayladı Nevin Hanım'ı.

Pastanedeki tüm müşteriler ve Kemancı Cemi'nin arkadaşları ona bakıyordu. Gözlerin üstünde olmasından sıkılan müzisyen pencereden dışarı baktı ve o adamla göz göze geldi. Herkesi şüphelendireceğinden korkarak,

"Sanırım biraz uzansam iyi olacak," deyip ayağa kalktı.

Nevin Hanım, Kemancı Cemi'yi yukarı çıkarması için oğlu Erdem'i görevlendirdi.

Kemancı Cemi, Erdem'in gösterdiği odaya geçti. Çocuğun merdivenlerden indiğinden emin olunca da pencereye yaklaştı ve tülün arkasından lunaparkın önüne baktı. Adam hâlâ oradaydı.

"Gitmeyecek. Bizimkilere her şeyi benden önce söyleyecek," diye kendi kendine söylendi ve odanın içinde telaşla yürümeye başladı.

Orkestranın diğer üyeleri aşağı katta Nevin Hanım'ın ve Elif'in az önce yaptığı dönme dolap pastasından yiyorlardı. Bir süredir pencere önünde duran üç çocuk fark edilmediklerini anlayınca camı tıklattı. Müzisyenler gömüldükleri tabaklardan nihayet kafalarını kaldırıp dışarı baktılar.

Birbirine sarılarak vals hareketleri yapan Karaca, Armağan ve Yunus'u gördüler.

Müzisyenler önlerindeki tabakları gösterip pastalarını yemeğe devam ettiler.

Çocuklar dayanamayıp içeri girdiler.

"Vals provasına başlamıyor muyuz?" diye sordu Yunus merakla.

"Tatlılarımızı bitirelim, biraz dinlenelim," dedi Akordiyoncu Salih sakince.

Klarnetçi Kenan, "Cemi de hasta gibi. Yukarıda dinleniyor," diyerek arkadaşına destek çıktı.

"Acele etmeyin. İşler yoğun, başlarız elbet," dedi Nevin Hanım tezgâhın arkasından.

Elif limonataları masalara servis ederken "İşlerimiz hiç bitmez ki anne," diyerek arkadaşlarına göz kırptı.

Erdem masalardaki boşları topluyor ve bu muhabbete hiç yüz vermiyordu. "Nefret ediyorum valsten," diye kendi kendine söylendi.

Kemancı Cemi, tülün arkasından adamı kontrol ederken aşağıda konuşulanları dinlemeyi de ihmal etmiyordu.

Prova için meydana inmek zorunda kalacağını düşündükçe soğuk terler döküyordu.

Trompetçi Saffet ısrar etmekten sararıp solan çocuklara kıyamayıp, "Haydi, bütün esnafa haber verin yavaş yavaş. Yarım saat sonra başlarız," dedi.

Sonra da ellerini iki yana açarak, "Heveslerini kırmak istemedim," diye açıklama yaptı arkadaşlarına.

Arkadaşının dediklerini duyan Kemancı Cemi, "Ah Saffet ah!" diyerek yakındı.

Armağan, Karaca ve Yunus tazı gibi koşarak uzaklaştılar. Dükkânları dolaşıp prova saatini haber vermeye başladılar. Sinemayı en sona bıraktılar çünkü Film Mehmet'ten ufak bir ricaları olacaktı.

Sinemaya girdiklerinde Film Mehmet'i salonu temizlerken buldular.

Karaca, "Baba, anons..." derken çocukların geldiğini fark etmeyen Film Mehmet, "Aaaah!" diyerek sıçradı.

Armağan, Film Mehmet'in kalp atışlarının normale dönmesini bile beklemeden, "Anons yapabilir miyiz?" diye sordu.

"Yapın tabii, niye soruyorsunuz oğlum... Biliyorsun, sana bir tek film sırasında kayıt yapmak yasak," diyerek Armağan'ın en çok kafayı taktığı şeyi hatırlattı çocuğa.

Yunus hazırlıklıydı. Dedesine bir anons yazdırmıştı, onu cebinden çıkararak, "Ben okuyabilir miyim?" dedi ve arkadaşlarının gözünün içine baktı.

"Olur," dediler Armağan ve Karaca aynı anda.

Bir iki dakika sonra Yunus'un sesi meydana yayıldı:

"İstasyon Meydanı'nın geleneksel olarak her sonbahar yaptığı dans gösterisi bu yıl da devam edecek. Öğlenleri yapılacak provalar sırasında dükkânlar kapanmayacaktır. İhtiyacı olan girer istediğini alır, parasını tezgâha bırakır. İlk prova birazdan meydanda başlayacak."

Anonsu duyunca lunaparkın önündeki adamın yüzünde manalı bir sırıtış belirdi.

6

Ayakları yerden kesen vals

İstasyon Meydanı'ndaki uğultulu kalabalık, orkestranın etrafını sarmıştı. Müzisyenler meraklı bakışlar altında enstrümanlarını akort etmeye başladıkları an, bir tıp oyunu her yana yayıldı sanki. Konuşanlar ve birbirine seslenenler birden sustu. Yan yana ayakta duran bu beş adamı yüzlerce göz izliyor, yüzlerce kulak dinliyordu.

Tedirginliği her halinden belli olan Kemancı Cemi, arkadaşlarının dikkatini çekmemeye çalışarak gözleriyle etrafı tarıyor, bekleyen adamın kalabalığın içinde olup olmadığını kontrol ediyordu. Gözleri kimseyi bulamayınca biraz rahatladı. Akordunu neşeli bir nağmeyle sonlandırdı.

Müzisyenlerin hazırlığının bittiğini anlayan Bebek Amca öne doğru iki adım atarak ortaya çıktı. Yumuşak ve tatlı sesiyle, "Eşleşmeleri yapabiliriz," der demez İstasyon Meydanı sakinleri arasında bir karmaşa yaşandı.

Çarpışan arabalar pistinde göze kestirilen arabanın kapılması için yaşanan karmaşanın bir benzeriydi bu. Balerin Naci ile eşi Nazan, Nevin Hanım ile Burhan, Elif ile Yunus, Karaca ile Armağan, Film Mehmet ile Erdem eşleşti.

Yıllardır yapılan eşleşme yine değişmemişti. Bel ağrıları yüzünden dans edemeyen Bebek Amca ise her zamanki gibi onları çalıştıracaktı.

Vals yapmak, İstasyon Meydanı sakinleri için yürümek kadar doğaldı. Bu da meydandaki diğer şeyler gibi kuşaktan kuşağa aktarılmıştı. Valsin ilk tutkunu, Burhan'ın berber dedesiydi.

Bebek Amca eşlerin hazır olduğunu görünce orkestraya döndü, bir şef gibi el hareketleri yaptı ve müzisyenler *Maskeli Balo* adlı valsi çalmaya başladı. Müzik, Armağan'ın, "Bir dakika, bir dakika," demesiyle bölündü.

Karaca'nın elini bırakıp hızla müzisyenlerin yanına koşan Armağan, kemerine takılı ses kayıt cihazını çıkarıp Kemancı Cemi'nin ayaklarının önüne koydu.

Kayıt tuşuna basıp yerine döndü. Dönerken de Film Mehmet'e, "Neyse ki burada orkestrayı kaydedebiliyorum," dedi nispet yapar gibi.

Film Mehmet güldü.

Armağan, Karaca'nın elini tutar tutmaz orkestra parçaya girdi ve dans başladı.

O kadar profesyonel görünüyorlardı ki adımları hızlandıkça kalabalık geriye doğru açıldı ve çember genişledi.

Bebek Amca, dans edenlerin etrafında dolaşarak ayak hareketlerini kontrol ederken, "Erdem, biraz daha hevesli lütfen," diye uyardı küçük çocuğu.

Film Mehmet, "Hadi asma suratını, bak yılladır alıştık birbirimize, iyi bir çiftiz," dedi Erdem'i güldürmeye çalışarak.

Hızları arttıkça uçacakmış gibi görünüyorlardı.

"Adımlarınızı saymayı unutmayın," diye yüksek sesle bağıran Bebek Amca grubu yönlendirirken en az dans edenler kadar zarif görünüyordu.

Derken insan seli arasından birinin öne çıkmaya çalıştığını gördü Kemancı Cemi. Onun az önce lunaparkın önünde bekleyen adam olduğunu anlar anlamaz telaşla bakışlarını yere indirdi.

Birkaç saniye sonra ürkekçe başını kaldırdı ve kendisine anlamlı anlamlı bakıp gülen adamla göz göze geldi.

Hiç kimse bu adamla Kemancı Cemi arasındaki gerginliğin farkında değildi.

Adam, yavaş yavaş dudaklarını hareket ettirerek bir mesaj yolladı: "Söyleyeceğim."

Adamın dudaklarını okuyan ve her şeye rağmen kemanını çalmaya devam eden müzisyenin gözleri büyüdü büyüdü... Öyle ki neredeyse yüzüne sığmayacaktı. Yapma dercesine başını iki yana salladı.

Adam kendine en yakın müzisyene doğru yürümeye başladı. İşte o anda Kemancı Cemi dudaklarıyla mesaj yolladı: "Tamam, halledeceğim."

Adam başıyla başla der gibi bir işaret yaptı Kemancı Cemi'ye.

Artık çıkış yolu kalmayan Kemancı Cemi, Klarnetçi Kenan'ın kulağına eğildi ve bir şeyler söyledi. Klarnetçi Kenan arkadaşının lafı bittiğinde şaşırarak ona baktı ve hiçbir şey söyleyemedi. Enstrümanını çalmayı bıraktı, bir süre boşluğa dalıp gitti. Kontrbasçı Cevdet'in dürtmesiyle kendine geldi ve arkadaşının kulağına doğru eğildi. Kontrbasın üzerinde gezinen elleri bir anda durdu müzisyenin. Kemancı Cemi'ye öfkeli bir bakış fırlattı.

Müzik şimdi sadece keman, trompet ve akordiyon ile devam ediyordu.

Kontrbasçı Cevdet, Trompetçi Saffet'in kulağına eğildiğinde kulaktan kulağa oynuyor gibi görünüyorlardı.

Trompetçi Saffet'in şişkin yanakları duydukları karşısında sönüverdi.

Bebek Amca bir aksilik olduğunun farkındaydı. Dans edenler de... Hatta seyirciler de... Çiftler bir yandan dansa devam ediyor, diğer yandan da orkestrada neler olduğunu çözmeye çalışıyordu.

Bebek Amca, konsantrasyonun bozulmaması için hiçbir şey yokmuş gibi, "Devam, adımlara dikkat. Armağan dik dur. Güzel bir hanımefendi ile dans ediyorsun. Kendine güvenli ol," diyerek dikkatleri dansın üzerine çekti.

Kalabalıksa danstan çok orkestrayla ilgileniyordu. Artık dinleyebilecekleri iki enstrüman kalmıştı: keman ve akordiyon.

Akordiyoncu Salih, "Ne oluyor?" diyerek Trompetçi Saffet'i dürttü. Saffet arkadaşının kulağına doğru eğildi.

Sonunda Akordiyoncu Salih de şaşkınlıktan çalamayanlar arasına katılmıştı.

Sadece kemanla devam eden vals artık sona ermek üzereydi. Tüm arkadaşlarının kızgın bakışları altında Maskeli Balo valsini bitiren Kemancı Cemi kıpkırmızıydı.

Dans biter bitmez kalabalıktan bir alkış koptu. Çiftler selam verdiler ama akılları orkestradaydı.

Bebek Amca müzisyenlerin yanına doğru yürümeye başladı.

Esrarengiz adam olanları sırıtarak izliyordu. Dansın bitmesiyle seyirciler yavaş yavaş dağıldı.

Bebek Amca müzisyenlerin yanına vardığında ilk konuşan Akordiyoncu Salih oldu. "Yorulduk galiba, kusura bakmayın," dedi.

"Sorun değil, bir aksilik varsa halledelim," diye endişeyle konuştu Bebek Amca.

Beş müzisyen de aynı anda "Yok," dedi telaşla.

O sırada merak içindeki dansçılar geldi.

Bebek Amca konuyu uzatmamak için kimsenin bir şey sormasına izin vermeden, "Biraz yorgunlar. Nevin Hanım'ın orada dinlenecekler. Biz de işlerimize dönelim değil mi?" diyerek dağıttı herkesi.

Kimsenin ağzını bile açmasına fırsat vermemişti.

Kemancı Cemi etrafına baktı, adamı göremedi.

Armağan tuhaf tuhaf orkestrayı süzerek gözlerini Kemancı Cemi'ye dikti. Sonra da eğilerek ses kayıt cihazını aldı yerden ve koşarak uzaklaştı.

Bebek Amca, "Müşterilere bakayım," diyerek dükkâna yöneldi. Üç dört adım attıktan sonra yineledi:

"Cemi bir aksilik varsa haberimiz olsun."

Kemancı Cemi'nin yüzü kırmızıdan mora döndü. Bebek Amca müzisyenin cevap vermesini beklemeden uzaklaştı.

Beş müzisyen meydanın tam ortasında hiç konuşmadan duruyordu. Onlar öyle durdukça dünya daha hızlı dönüyordu sanki ya da düşen tansiyonlarının etkisiydi bu.

Kemancı Cemi, "Daha çok para kazanacağız işte," dedi. Ve cümlesini tamamladığı anda izlendiğini hissetti.

Esrarengiz adam müzisyene bakıyor ve onu alkışlıyordu. Kemancı Cemi'yle göz göze geldiğinde alkışı kesti ve dönüp istasyona doğru yürümeye başladı. Görevi bitmişti. Haftalardır Cemi'nin cesaret edemediği şeyi biraz gözdağı vererek halletmişti.

Akordiyoncu Salih, "Konuşmalıyız," dedi sinirle.

"Yarın öğlen orada çalışmaya başlamamız lazım. Anlaşma öyle," dedi Kemancı Cemi her şeyi göze alarak.

7

Bizi hiç affetmeyecekler

Müzisyenler müzik aletlerini sinemaya bıraktıktan sonra lunaparka gitmeye karar verdiler. Nevin Hanım'ın dükkânında rahat konuşamazlardı.

Lunaparktan içeri girdiklerinde, salıncakta dönerken birbirini yakalamaya çalışanların, balerinin eteğinde gözlerini açmaya korkarak dönenlerin, korku tünelinde susmadan bağıranların çığlıkları Armağan'ın ses kayıt cihazında birikiyordu. Dönme dolap ve atlıkarıncadakilerin gülüşmelerine; aynalı odadaki kahkahalara, penaltı noktasındaki hüzünlü nidalara da sıra gelecekti elbette.

Müzisyenler bilet alıp dönme dolap için sıraya girdiklerinde Balerin Naci, "Hayırdır," diyerek yüzlerine baktı.

"Bir değişiklik olsun. Yukarıda temiz hava alalım biraz," dedi Klarnetçi Kenan.

Kemancı Cemi arkadaşının söylediği bahaneyi beğenmeyerek yüzünü ekşitti. Trompetçi Saffet, başlarına iş açan Kemancı Cemi'ye iyice sinir oldu.

"İyi düşünmüşsünüz, açılırsınız. Dönme dolap sıkıntıya, daralmaya, yorgunluğa birebirdir," diye cevap verdi Balerin Naci.

Müzisyenler yavaş yavaş alçalan kabine doğru hamle yapacakken Balerin Naci ,"Yalnız hepiniz aynı kabine oturmayın," diye uyardı onları.

Akordiyoncu Salih, "Sığarız biz, sığarız," deyip Balerin Naci'yi oyalarken müzisyenler kabine yerleşiverdi. En son Akordiyoncu Salih bindi. Trompetçi Saffet yerini ona verirken kabinin dengesi bozuldu ve her zamankinden fazla sallanmaya başladı.

"İyi de mesele sığmak değil. Beş kişi için tehlikeli bu kabinler," diye arkalarından seslendi Balerin Naci. Ama onlar çoktan gökyüzüne doğru yükselmeye başlamıştı.

Balerin Naci çok sevdiği bu adamlara bir türlü kızamıyordu.

Trompetçi Saffet hariç, hepsi oturuyordu. O ise ayakta dikiliyor ve iki eliyle kabinin yan demirlerine tutunuyordu. Fazla hareket etmeden göz ucuyla aşağıya baktı. Kalabalık olan penaltı noktası dikkatini çekti.

Balerin Naci'nin karısı, Armağan'ın annesi Nazan, âdeta geçilmez bir kaleciydi. Penaltı noktasındaki kalede onu gören Trompetçi Saffet, golün kuyrukta bekleyenler için bir hayal olduğunu anladı ve gülümsedi.

Trompetçi Saffet neden orada olduklarını birden hatırlayıverdi ve hışımla Kemancı Cemi'ye dönüp, "Neler karıştırdığını en başından anlat," dedi. Sesi tehditkâr çıkmıştı. Bunu söylerken ellerini tutunduğu iki demirden bırakmadı.

Herkes Kemancı Cemi'nin yüzüne bakıyordu. Adam daracık kabinde sıkıştığını hissetti ve alnındaki ter damlalarını eliyle silerek anlatmaya başladı:

"Şehirdeki alışveriş merkezi bir orkestra arıyormuş. Sizden habersiz gidip görüştüm, anlaştım işte. Günlük olarak buradan kazandığımızın üç katını veriyorlar. İki aylık paramızı da peşin aldım."

"Bizim yerimize nasıl böyle bir karar alırsın?!" diye çıkıştı Akordiyoncu Salih.

"Biz müzisyeniz Cemi. Burada filmlere, meydana hayat veriyoruz. Orada ne yapacağız?" diye sordu Kontrbasçı Cevdet.

"Orada da müziğimizi icra edeceğiz. Eksi ikinci kattaki meydanda çalacağız," diyerek cevap verdi Kemancı Cemi ezilerek.

"Yıllar sonra nasıl yaparız bunu buradaki insanlara?" diye dişlerini sıkarak konuştu Trompetçi Saffet.

"Bizi anlayacaklardır," diyebildi Cemi alçak sesle. Korkudan titriyordu. Arkadaşları epey sinirliydi.

"Hadi oradan!" dedi Klarnetçi Kenan.

Gün boyunca kendini hissettiren lodos, kabin yukarı çıktığında etkisini iyiden iyiye gösterdi.

Beş müzisyenin içinde olduğu kabin fırtınaya

tutulmuş bir taka gibi sallanmaya başladı. Orkestra üyeleri sapsarı kesildiler.

Trompetçi Saffet avuçları patlarcasına sıkı sıkı tutunuyordu demirlere. Korkudan sesleri kesilmişti. O sırada bir kez daha sallandılar, neredeyse kabin tersyüz olacaktı.

Çığlıklar eşliğinde sallanan müzisyenler bir an düşeceklerini sandılar.

Saffet bu kez eğilmeden aşağıyı görebiliyordu. Gözü yine penaltı noktasına takıldı. Onlar yukarıda korku içindeyken, aşağıda birisi en mutlu anlarından birini yaşıyordu çünkü kedi çevikliğindeki Nazan'a gol atmıştı. Pelüş panda ödülünü kucağına alan adamı gördüğünde Trompetçi Saffet bir anda her şeyi unutup, "Kazanmış!" diye bağırdı.

Ne olduğuna bakmak için aşağı eğilen arkadaşları yüzünden kabin bir kez daha tersyüz olma tehlikesi geçirdi.

Balerin Naci dönme dolabı durdurdu panikle. "Dedim size!" diye bağırıyordu. Sesinden, çok korktuğu belliydi. Rüzgâr onun haline üzülmüş gibiydi, hızını kesiverdi. Dönme dolabı yeniden çalıştırdı Balerin Naci.

Kemancı Cemi bu kâbusun hemen bitmesini istiyordu. Hem bir an önce aklındakileri söylemeli hem de buradan inmeliydi. Terli yüzünü eliyle silerek tekrar konuşmaya başladı:

"Yarın saat 11.30'da orada çalmaya başlıyoruz."

"Git söyle, çalmayacağız," diyerek kestirip attı Klarnetçi Kenan.

Cemi'nin az önce temizlediği yüzü bir anda yine ter damlalarıyla kaplandı. Ağlamaklı bir sesle, "Peşimize taktıkları adamı gördünüz. Gitmezsek bizi mahvederler," dedi.

"Onu önceden düşünecektin tilki Cemi," dedi Trompetçi Saffet.

"Ben bu anlaşmayı yaptım fakat size haftalardır söyleyemedim. Sonra gidip 'Vazgeçtik,' dedim. Ama hepimiz adına aldığım avansı harcamıştım. Taksitle geri ödemeyi teklif ettim. Kabul etmedikleri gibi beni tehdit ettiler. Bir de bu adamı taktılar peşime. Akşamları evimin önüne gelip saatlerce bekliyor. Artık buraya da gelmeye başladı," diye açıklama yaptı Kemancı Cemi.

"Of Cemi of! Bizi neye bulaştırdın," diye isyan etti Akordiyoncu Salih.

"Ben gelmiyorum, sen ne yaparsan yap," dedi Kontrbasçı Cevdet.

"Yapmayın. Öldürürler beni," deyip ağlamaya başladı Kemancı Cemi.

Bu sırada dönme dolap ilk turu tamamlamış, ikinciye geçiyordu. Balerin Naci dönme dolabın yanına gelerek, "Biriniz inin lütfen. Gördünüz ne kadar tehlikeli olduğunu," dedi yalvaran bir sesle.

Kabin uzaklaşırken Trompetçi Saffet, "Biz iyiyiz. Son tur zaten," diyerek geçiştiriverdi adamı.

O anda Balerin Naci, "Beş kişi bindikleri anda durduracaktım," diye söylendi kendi kendine.

Kemancı Cemi, Balerin Naci'nin yanından geçerken ağladığı için yüzünü elleriyle kapamıştı. Uzaklaşır uzaklaşmaz ellerini yüzünden çekti ve ağlamaya devam ederek, "Öldürürler," diyebildi.

Akordiyoncu Salih, "Bırak ağlamayı," diye söylendi.

"Görmediniz mi bugünkü adamı..." derken ağlamaya devam etti Kemancı Cemi.

Arkadaşları bu kez acıyarak bakıyordu ona. Yıllardır bir kere bile ayrılmamışlardı. Şimdi nasıl yalnız bırakacaklardı onu? Birbirlerine baktılar. Hepsinin aklından aynı şey geçiyordu: Yapamazlardı ona bunu. İşte, istediği şeyi başarmıştı Kemancı Cemi.

Gözlerinde sanki gökyüzünün tüm bulutları biriken Kontrbasçı Cevdet, "Film Mehmet yıkılır," diyebildi.

"Ya çocuklar?" dedi gözleri dolarak Akordiyoncu Salih.

Trompetçi Saffet, "Film izlemeyecekler artık," diye hıçkırdı.

Klarnetçi Kenan, "Aklında ne var çabuk anlat, yere iniyoruz. Sorumsuz!" diyerek arkadaşına çıkıştı.

Kemancı Cemi hızla anlatmaya başladı:

"Yarın 11.30'da alışveriş merkezinde çalmaya başlamamız lazım. On bire on kala filmden çıkarsak yetişiriz trene. Sırayla çalmayı bırakırız; orkestra çukurunun oradaki acil çıkış kapısını kullanarak sıvışırız. Meydandan da kimseye görünmeden uzarız."

Az önce salya sümük ağlayan, acıdıkları arkadaşlarının bu kadar soğukkanlı olması hepsini şaşırtmıştı.

"Sen ne içten pazarlıklı adammışsın," diye söylendi Trompetçi Saffet.

"Bizi hiç affetmeyecekler," dedi Kontrbasçı Cevdet. Gözleri dolu doluydu.

Dönme dolap durduğunda nemli gözlerle tek kelime etmeden ve Cemi'nin yüzüne bakmadan indiler.

Balerin Naci, "Şu halinize bakın, hem siz korktunuz hem beni korkuttunuz," diye sitem etti.

Bunu duyan dört adam ağlamamak için kendini zor tuttu. Kemancı Cemi'yse başını önüne eğmiş, kaldıramıyordu.

8

Gizli bir veda

Akordiyoncu Salih, lunaparktan ayrıldıklarında, "Biraz dolaşmak istiyorum," dedi arkadaşlarına ve İstasyon Berberi'ne doğru yürümeye başladı.

Klarnetçi Kenan, "Biz pastanedeyiz," diye seslendi arkasından. Onlar pastaneye giderken, Akordiyoncu Salih berber dükkânının önünde durmuş, içerideki Burhan'ı izliyordu.

Müşterisi olmadığında aynalardan yansıyan görüntüsüyle vakit geçiren Burhan yine kendisiyle baş başaydı. Gömleğinin cebinden tarağını çıkarıp saçını geriye doğru taradı. Briyantin sürerek daha da afili bir görünüme soktu yaptığı modeli. Bıyıklarına gözü takıldı. Pantolonunun arka cebindeki makası alıp uçlarını kesmeye başladı. İşi bittiğinde profilden ve cepheden kendine şöyle bir baktı. "Vals gösterisine böyle çıkarım," dedi kendi kendine.

Bir süre sonra aynalardan yansıyan görüntüsüne bakmaktan, daha doğrusu kendinden sıkıldı. Kapıya doğru yürümeye başladı.

Akordiyoncu Salih berberin geldiğini görünce, dükkânı geçip ileride, Burhan'ın onu görmeyeceği bir yerde durdu.

Berber kapının önüne çıktı. Meydandaki insanların saç modellerini incelemeye başladı. Saçına özen gösterenleri ve göstermeyenleri belirledi bir süre. Dükkâna gelen giden olmadığını görünce kapıyı açık bırakarak İstasyon Çiçekçisi'ne yöneldi.

Nemli gözlerle Burhan'ın arkasından yürüdü müzisyen. Berber, Bebek Amca ve torununun yanına vardığında, onların fark etmeyecekleri bir uzaklıkta durup ömrünü beraber geçirdiği bu insanlara baktı. Bunun gizli bir veda olduğunun farkındaydı.

Yaz ve sonbahar çiçeklerinin içinde kaybolmuştu Bebek Amca, Yunus ve Burhan. Onları hep bu çiçeklerin içinde rengârenk hatırlayacağı için sevindi.

Dayanamayıp biraz daha yaklaştı çiçekçiye.

Burnuna farklı farklı bir sürü koku dolarken, gözünden akan yaşlara engel olamadı.

Bebek Amca müşterisine karışık bir buket yaparken Burhan'la sohbet ediyordu. Yunus süsleme masasının başında dedesinin buketi bitirmesini bekliyordu.

"Hayatı süslemeyi bilen güzel insanlar," deyip gözünden akan yaşları sildi ve pastaneye doğru yürüdü akordiyoncu.

Nevin Hanım'ın yüzüne nasıl bakacağını düşünürken, sinemanın duvarına yarınki filmin afişini asan Film Mehmet'i ve ona yardım eden Karaca'yı gördü. *En güzel film karesinden bile güzeller,* diye düşündü.

Bu düşüncelerle pastaneden içeri girdiğinde, burnuna annesinin evini hatırlatan bir koku geldi. Yaşlı müzisyen içinde, ta derinlerde bir yerlerde bir nehir varmış da o taşmış gibi hissetti.

Arkadaşlarını her zamanki masalarında buldu. Nevin Hanım'a ve çocuklara buruk bir merhaba deyip yerine oturdu.

Pastane her zamanki gibi tıklım tıkıştı. Müzisyenler, yıllardan beri ilk defa, önlerindeki tatlılara hiç dokunmadan, öylece oturuyorlardı.

Akordiyoncu Salih tabaklara bakınca darmadağın oldu. Önlerinde Nevin Hanım'ın, onların enstrümanlarından ilham alarak yaptığı tatlılar vardı. Akordiyoncu Salih, Nevin Hanım'a, Elif'e ve Erdem'e sevgiyle baktı.

Kemancı Cemi, dakikalardır keman tatlısıyla bakışmaktan sıkılmış olacak ki Akordiyoncu Salih'in gözünün içine bakarak tatlıdan bir çatal aldı. Tüm arkadaşlarının kınayan bakışları altında lokmasını zor yuttu.

Nevin Hanım'ın gözleri beş müzisyenin üzerindeydi. O da Bebek Amca gibi bir aksilik olduğunun farkındaydı. Hiç konuşmadan oturan adamların yorgunluk dışında bir derdinin olmamasını ümit ediyordu.

Akordiyoncu Salih, ertesi gün yeteri kadar üzecekleri

bu insanları daha fazla endişelendirmemek için artık kalkmaları gerektiğini düşündü.

İstasyon Meydanı'nın üzerindeki gökyüzü yavaş yavaş kararmaya başlamıştı.

Pencereden dışarı bakan Akordiyoncu Salih, lunapark ışıklarının yandığını gördü. Birazdan tüm aletler ışıl ışıl olacaktı. Biraz daha oturursa hıçkıra hıçkıra ağlayacağını düşünerek arkadaşlarına tabakları işaret etti.

Hepsi aynı anda tatlılarını yemeye başladı. Tatlılar bittiğinde önce Akordiyoncu Salih, sonra arkadaşları ayağa kalktı.

Nevin Hanım kalkan müzisyenleri görür görmez, "Daha erken değil mi?" diye sordu merakla.

"Anca hazırlanırız," dedi Akordiyoncu Salih ve zoraki bir gülümsemeyle pastaneden dışarı çıktı.

Nevin Hanım, "Akşam filme geleceğiz, görüşürüz," diye seslendi arkalarından ve işini bırakıp kapının önüne çıktı. Uzun uzun baktı müzisyenlere.

Beş adam dakikalarca dikildi meydanda. Lunaparkın ışıkları yüzlerini aydınlatırken çaresizce birbirlerine bakıyorlardı.

Kemancı Cemi, arkadaşlarının sessizliğinden korkuyordu. Dönme dolaptaki konuşmadan beri hiç muhatap olmamışlardı onunla.

Kemancı Cemi hariç, her biri ayrı bir tarafa bakıyordu. Bu meydanı sanki tekrar tekrar ezberlemek ister gibiydiler.

Trompetçi Saffet'in saatine bakmasıyla akşam seansının iyice yaklaştığını anlayıp sinemaya doğru yürüdüler.

Karaca bilet gişesinden heyecanla seslenip selam verdi müzisyenlere.

Küçük kızı görünce yüzü aydınlanan Akordiyoncu Salih, "Geçiyoruz yerimize," dedi gülümseyerek.

Enstrümanlarını kutularından çıkarıp sandalyelerine yerleştiklerinde Film Mehmet, "Hoş geldiniz," diyerek düğmeye bastı ve orkestra çukurunu aşağı indirdi.

Klarnetçi Kenan, Kemancı Cemi'ye bakarak "Keşke durmasaydı da yerin dibine gitseydik şununla," diye söylendi.

Usul gereği, Kemancı Cemi ufak bir hatırlatma yapmak zorunda olduğu için, "Sabahki gibi başlıyor ve devam ediyoruz," dedi kendinin bile zor duyduğu bir sesle.

Arkadaşları cevap vermedi.

Film Mehmet salonun kapılarını açınca, seyirciler biletleri numaralı değilmiş gibi izdiham yaratarak kapıdan içeri doluştular. Koltuklarını bulduklarında ise az önce itişenler onlar değilmiş gibi kibarca oturdular yerlerine.

İstasyon Meydanı'nın esnafı da seyirciler arasındaydı. Akşam seanslarını ne olursa olsun kaçırmazlardı. Sinemaya geldiklerinde dükkânlarını kapatmazlar; müşteriler de ihtiyaçlarını dükkânlardan alıp parasını mutlaka tezgâha bırakırlardı. Bir tek lunapark, başında Balerin Naci olamayacağı için güvenlik sebebiyle kapanırdı.

Sherlock Jr. yazısı perdede görünür görünmez kemanın tiz sesi duyuldu.

Zaman hiç olmadığı kadar hızlı geçti. Göz açıp kapayıncaya kadar film bitmişti. Kemancı Cemi'nin kemanının tiz sesi ile alkış sesleri arasındaki süre ne kadardı diye sorulsa beş müzisyene, belki de bilemezlerdi.

Orkestra çukuru yavaş yavaş yükseldi. Yüzünü salona dönen müzisyenler ile seyirciler göz göze geldi. Sandalyelerinden kalkıp öne doğru eğilerek selam veren beş müzisyen, her zamanki gibi dakikalarca ayakta alkışlandı.

Salon boşaldıktan sonra moralleri bozuk bir şekilde enstrümanlarını kutularına koydular ve son treni kaçırmamak için acele ederek sinemadan çıktılar.

Film Mehmet arkalarından "Yarın sabah görüşürüz,"

dediğinde hiçbiri cevap veremedi.

Sessizliği bozan Kemancı Cemi oldu, "Görüşürüz," dedi. Arkadaşlarının bakışlarının üstünde toplandığını gören Kemancı Cemi, "Yarın sabah buradayız ya, ondan şey... Ondan öyle dedim," diye geveledi.

9

Terk edenler ve terk edilenler

Son trenin sesi uzaklaştığında, herkesin gittiğinden emin olan meydan sakinleri dükkânlarının üst katındaki evlerine çekildi. Balerin Naci ve ailesi de lunaparkın içindeki tek katlı ahşap kulübelerine...

Günü İstasyon Meydanı'nda geçirenler, tren penceresinden karanlık kırların aktığı, ayın peşlerine takıldığı bir yolculuk yaparak evlerine vardılar.

Yataklarına yattıklarında, gün bir film şeridi gibi geçti gözlerinin önünden. Ama ne yazık ki uyku, başına buyruk bir ev sahibiydi. Kapısını çalanlardan kimilerine kapıyı açar, kimilerine açmazdı.

Beş müzisyene açmadı.

☆☆☆

Sabah olup da uykuya bir türlü dalamadıkları yataklarından kalkan müzisyenler, ilk adımlarını attığı anda film ileri sarıldı sanki. Yaşadıkları kasabadan trene binip İstasyon Meydanı'na gidişleri, provaları, sabah seansına kadar meydanda olanlar... İleri sarılan filmin hızlı kareleri gibiydi. Ya da tüm bu ileri sarma işini onların beyninin yaptığı söylenebilirdi. O gün yaşanacak tek ana odaklanan müzisyenler için filmi terk ediş anı dışında hiçbir şeyin önemi yoktu.

İstasyon Sineması'nda her zamanki yerlerine yerleştiklerinde, sabahtan beri neler yaptıklarını hatırlamadılar ve zamanın nasıl bu kadar çabuk geçtiğini anlamadılar.

Sinema salonunu dolduran seyirciler bir aşk filmi izleyeceklerini biliyordu. Dün asılan afişi gördüklerinden beri sabırsızlıkla bekliyorlardı bu anı.

Bir aşk filminin acıklı olacağına o kadar eminlerdi ki oturur oturmaz mendillerini çıkardılar.

Salonun ışıklarını kapatan Karaca, elindeki feneri yakarak yolunu buldu ve merdivenlere ilişti. Orkestra çukurundaki Klarnetçi Kenan ve Kontrbasçı Cevdet, filmin ismi, **Yapayalnız**, perdede görünür görünmez çalmaya başladı.

İlk sahnede, tek kişilik yatağından kalkan genç kadın saate baktıktan sonra hızlıca hazırlanmaya başlıyordu. Evden çıkıp dışarıdaki çılgın kalabalığın arasına karıştığı anda, başka bir evde tek kişilik yatağındaki adam uyanıp aceleyle pantolonunu ve gömleğini giyerek aynı kalabalığın içine giriyordu.

Onlar işlerine vardıklarında orkestranın diğer üyeleri de müziğe dahil oldu.

Seyirciler bu iki insanın yollarının nasıl kesişeceğini çoktan merak etmeye başlamıştı. Bazıları filmin böyle başlamasına güvenip hazırladıkları mendillere gerek kalmayacağını düşündü.

Fabrika işçisi adam, gün boyunca makineler arasında çalışıp durdu; kadınsa santral memuru olarak sayısız telefon bağladı.

1920'li yılların New York'unda, modern dünyanın çarkları arasında ve kalabalıklar içerisindeki iki yalnız insanın hikâyesiyle başlayan film, izleyenleri bir anda yormuştu. Genç adamın ve kadının yaşadığı, çalıştığı her yerde telaş içinde bir insan kalabalığı vardı.

Orkestra bu sıkıntılı yaşama uygun hüzünlü bir parça çalıyordu.

Derken bu hava, ikilinin ayrı ayrı bir lunapark

partisine çağrılmasıyla dağıldı.

Orkestra, genç kadının ve adamın gittikleri neşeli ortama uygun melodiler çalmaya başladı.

Balerin Naci'ninkinden çok daha büyük bir lunaparkta binlerce insan eğleniyor, rutin hayatı geride bırakıyordu.

Orkestra, perdedeki lunaparkı görünce gülümsedi. Akordiyoncu Salih buradan ayrılmak zorunda olduklarını hatırlayınca arkadaşlarına dönüp hüzünle baktı.

Hepsinin yüzünden endişeli oldukları çok belliydi. Kemancı Cemi hariç... Onun aklı kaçacakları andaydı. Önündeki nota sehpasında duran notaları duygusuzca çalıyordu.

Seyircilerse lunaparkta tanışan genç adamın ve kadının yakınlaşmasını, birlikte eğlenmesini izliyordu. Derken çift, binlerce insanın olduğu bu yerde birbirlerini kaybetti.

Böyle bir gidişat beklemeyen seyirciler şaşırmıştı. Az önce, filmdeki çiftle birlikte mutlu olanlar şimdi ne hissedeceğini bilemiyordu.

Birinin kendini tutamayıp yanındakine, "Nasıl bulacaklar birbirlerini?" diye sorduğu duyuldu.

Tam bu sırada Kemancı Cemi, Akordiyoncu Salih'e

baktı. İki adam göz göze gelince Kemancı Cemi, "Haydi," dedi sessizce.

Akordiyoncu Salih arkadaşını duydu ama bir süre daha çalmaya devam etti. Ayakları ve kalbi bu terk edişe direniyordu. Gözlerinden yaşlar akmaya başlamıştı. Yaşlı adamın bu halini gören arkadaşlarının da gözlerine dolan yaşlar taşmak üzereydi.

Kemancı Cemi'nin ısrarla saatini göstermesiyle Akordiyoncu Salih çalmayı bıraktı ve enstrümanını kutusuna koydu. Perdeye son bir kez baktı ve hemen yanındaki acil çıkış kapısından çıktı. Kapı da orkestra çukuru gibi aşağıda olduğu için seyirciler hiçbir şey fark etmemişti.

Müzisyenin son kez baktığı sinema perdesindeyse sadece ismini bildiği ve gözden kaybettiği genç kızı bulmak ümidiyle lunaparkta oradan oraya koşturan genç adam vardı.

Makinist odasındaki Film Mehmet, Akordiyoncu Salih'in çıktığını gördü. Müzisyenin bu hareketine anlam veremedi. Tuvalete gittiğini düşündü önce ama yanına enstrümanını da aldığını fark etmişti. Merak içindeydi. Aşağı inmeye karar verdi.

Seyirciler tüm bunlar olurken endişeyle filmi izlemeye devam ediyordu.

Genç adam telaşla kızı ararken vals yapan bir grubun içinde gördü onu ve mutlulukla koşmaya başladı.

Film Mehmet aşağıya inerken Trompetçi Saffet, Kontrbasçı Cevdet ve Klarnetçi Kenan da acil çıkış kapısından kaçıvermişlerdi.

Seyirciyse sadece kemanla devam eden müzikten hiç şüphelenmemişti. İzledikleri sahneye özel bir keman solo dinlediklerini düşünmüşlerdi.

Genç adam, kızın yanına vardığında partnerinden izin alıp onunla dans etmeye başladı. Ve tam bu anda Kemancı Cemi kapıya doğru yürümeye başladı.

Seyircilerin dikkatini dağıtmamak için duvar kenarından yürüyüp orkestra çukurunun sağ yanına gelen Film Mehmet, keman çalarak kapıya doğru yürüyen müzisyeni görünce donup kaldı. Film Mehmet ile göz göze gelen Kemancı Cemi hiçbir şey söylemeden kapıdan çıktı. Çıktığı anda da kemanın sesi kesildi.

Müziğin kesilmesiyle birlikte sinemada bir uğultu başladı. Seyirciler orkestra çukurunun oradaki Film Mehmet'i fark etmişlerdi.

Şaşkınlığı yavaş yavaş geçen Film Mehmet artık hiçbir yere sığmayacak kadar büyük bir hayal kırıklığı yaşıyordu.

Babasının şaşkınlığından bir aksilik olduğunu anlayan Karaca makinist odasına gidip filmi durdurmak için harekete geçti.

O, odaya giderken seyirciler Film Mehmet'i soru yağmuruna tuttu.

Filmi gözünü kırpmadan izleyenlerden birinin, "Bu, o kız değil," demesiyle herkes önce bunu söyleyen kadına, ardından da sinema perdesine baktı.

Genç adamın bulduğu kız aradığı değildi. Benzetmişti. Perdede şahane bir vals sürerken genç adam da kızın âşık olduğu kız olmadığını fark etti.

Derken makinist odasındaki Karaca filmi durdurdu.

Sinemada büyük bir karmaşa başladı. Filmin devamını izlemek isteyenler ve orkestraya ne olduğunu anlamaya çalışanlar hep bir ağızdan konuşuyordu.

Karaca, makinist odasından koşarak gelip babasının elini tutunca Film Mehmet, artık seyircilere bir açıklama yapması gerektiğini düşündü.

Zorla konuşarak, "Filme devam edemeyeceğiz. Orkestra gitti," dedi ağlamaklı bir sesle.

Karaca babasının elini üzüntüyle sıktı.

Salonu dolduran kalabalık isyan ederek, akıllarında son gördükleri sahneyle, sinemayı terk etmeye başladı.

Bundan sonra **Yapayalnız** dendiğinde herkes izlediği o son sahneyi hatırlayacaktı: Genç adam, vals yapan grubun etrafını saran hilal şeklindeki kalabalığı geçip sevinçle genç kızın yanına ulaşıyor ve partnerinden izin alıp onunla dans etmeye başlıyordu. Onları izleyenler arasında şık saç modeliyle dikkat çeken bir kadın, yanındaki adamın koluna girmiş olduğu yerde sallanarak dansa eşlik ediyordu. Elinde çiçeklerle duran bir adamsa valse çok da aldırmadan birini bekliyordu.

10

Bu valsi bana lütfet

Kendi gürültüsüne alışmış tren ilerlerken, kompartımanın açık penceresinden sarkan Trompetçi Saffet, sağ kolunu dışarı çıkarmış rüzgâra karşı tutuyordu. Gözleri kapalı, saçları darmadağınıktı. Bitkin bir hali vardı.

Pencere kenarında oturan ve ceketini çıkarıp katlayarak başının altına yastık yapan Kemancı Cemi uyumaya çalışıyordu. Rahatlamış görünüyordu. Üzerinden büyük bir yük kalkmıştı. Verdiği sözü tutmuş, artık korkmasına gerek kalmamıştı.

O ne kadar rahatsa, arkadaşları o kadar sıkıntılıydı. Kompartımana dolan rüzgâr bile bu havayı dağıtmaya yetmiyordu.

Kontrbasçı Cevdet, "Trene koşarken esnaf bizi gördü mü acaba?" diye sordu arkadaşlarına. Pencereden içeri dolan tren sesini bastırmak için bağırarak konuşmuştu.

Arkadaşının sorusunu duyar duymaz gözlerini açan Trompetçi Saffet, başını içeri sokup pencereyi kapadı. Yerine otururken, "Umarım görmemişlerdir," dedi.

Akordiyoncu Salih, "Nasılsa eninde sonunda yaptığımız hainliği öğrenecekler," diyerek ayağa kalktı. Ve küçücük kompartımanın içinde yürümeye başladı.

Klarnetçi Kenan, "Bir daha asla İstasyon Meydanı'na dönemeyiz, yüzlerine bakamayız," dedi, gözleri bir sağa bir sola yürüyen arkadaşındaydı.

"Bu kadar olumsuz olmayın. Gittiğimiz yerde belki daha mutlu oluruz," diyen Kemancı Cemi başının altındaki ceketini düzeltti.

Kontrbasçı Cevdet, "Başkalarını mutsuz ederek mutlu olunmaz Cemi," diye cevabı yapıştırdı.

"Ama sen zaten böyle düşünsen, bu işe kalkışmazdın değil mi," dedi Trompetçi Saffet ve hâlâ hiçbir şey olamamış gibi uyumaya çalışan Kemancı Cemi'ye dik dik baktı.

Müzisyen, arkadaşlarının onu asla affetmeyeceklerini düşündü. "Ama en azından hayatım tehlikede değil," dedi kendisinin bile zor duyabileceği bir sesle.

Akordiyoncu Salih yürümekten vazgeçip oturduğunda derin bir sessizlik hâkim oldu kompartımana. Herkes düşüncelere daldı.

Açılan kapının sesi müzisyenleri kendine getirdi. Üzerinde mükemmel ütülenmiş üniforması ve koltuğunun altında şapkasıyla kondüktör karşılarındaydı.

Adamı gördükleri anda bilet almayı unuttuklarını hatırladılar.

Kimsenin bilet uzatmadığını gören kondüktör, "Biletler lütfen," dedi.

Kemancı Cemi, "Şehirdeki alışveriş merkezindeki konsere gidiyoruz. Treni son anda yakaladık. Bilet almayı unuttuk," diyerek herkesten önce cevap verdi.

Trenin hızlanmasıyla açık kapının arasında önce sağa sonra sola sallandı kondüktör. Dengesini kurarken, "İyi de biletsiz yolculuk etmenize izin veremem," dedi.

Akordiyoncu Salih'in yüzü utançtan kıpkırmızı olmuştu. "Son istasyonda ineceğiz. Biletlerimizi oradan alıp versek," diyebildi çekinerek.

Kondüktör, "Mümkün değil. Sizi biletsiz seyahat ettirdiğim için demiryolları yönetimi bana ceza keser," diye açıkladı.

Kompartımanın içindeki herkes birbirine bakıp bir çare bulmaya çalışıyordu.

Sessizliği, "Bir teklifim var," diyerek yine kondüktör bozdu. "Sizi bir sonraki durakta indirmek istemem. İçime sinmez bu. Yıllardır izlediğim filmlerin şahane müzikleri hatırına bir anlaşma yapalım."

Kontrbasçı Cevdet, "Buyurun?" diyerek araya girdi. Hepsi merakla adama bakıyordu.

"Yolculuğunuzun karşılığı olarak yemekli vagonda

müzik yapmanızı rica edeceğim," dedi kondüktör kibar bir tavırla.

Teklifi duyan müzisyenlerin yüzü güldü.

"Çok iyi bir fikir," dedi Klarnetçi Kenan.

Ne kadar çok hatırımız varmış yolu İstasyon Meydanı'na düşenlerde, diye düşündü Akordiyoncu Salih.

Müzisyenler enstrümanlarını alarak yemekli vagona doğru yürümeye başladılar.

Havadaki hüzün, müzisyenlerin kendilerine verilen değeri bir kere daha hissetmeleriyle dağıldı. Biraz da olsa yüzleri gülüyordu.

Yemekli vagona vardıklarında kendilerine uygun bir yer bulup enstrümanlarını kutularından çıkardılar. Vagondakiler bu sürprize hem şaşırdı hem de sevindi.

Kafa kafaya verip ne çalacaklarını konuştular. Birkaç dakikanın sonunda hazırdılar.

Vagon akordiyonun akan sesiyle dolduğunda yemeklerini yiyenler dikkat kesildi.

Akordiyoncu Salih'e arkadaşları eşlik etmeye başladığında, tren ilk kez bir vals eşliğinde ilerliyordu. Trompetçi Saffet trompetini dizlerine koydu ve şarkı söylemeye başladı:

Ay... ay ayya...
Bu valsi bana lütfet, lütfet bu valsi bana.
Ah nasıl istiyorum seni, nasıl
Tarihi geçmiş bir dergiyi okurken sandalyemde
Bir zambağın ucundaki çukurda
Âşıkların asla bulunmaması gereken bir geçit töreninde.

Trompetçi Saffet'in buğulu sesi herkesi etkiledi. Müzisyen gözlerini bir an bile açmadan şarkısına devam etti:

Çocukların oynadığı bir tavan arası vardır
Ki orasıdır aslında buluşmamız gereken yer
Macar fenerlerinin ışıkları altında
Akşamüstlerinin tatlı kokusuyla
Ayy... ay ayya...
Bu valsi bana lütfet, lütfet bu valsi bana
'Seni asla unutmayacağım' sözüyle birlikte, kabul et.
Bu vals, ah bu vals, bu vals...

Şarkı başladığından beri yemeklerinden bir lokma alamamış, ağızlarındaki lokmaları yutamamış yolcular ilk defa bu kadar duygusal bir şarkı dinliyor gibiydi.

Ve o gün seninle Viyana'da dans edeceğim yine
Bir nehrin giysilerini giyeceğim üzerime
Omzumda yaban sümbülleri ile birlikte
Sen beni bu valsle hayatta tutacaksın
Ah sevgilim, ah sevgilim...
Bu valsi bana lütfet, lütfet bu valsi bana...
Her ne varsa bu dünyada, hepsi senin...

Şarkı bittiğinde dev bir alkış tufanı koptu. Bu öyle güçlü bir sesti ki dinleyicilerin onlarca değil de binlerce olduğu sanılabilirdi.

Yemekli vagona gelirken müzisyenleri terk eden hüzün, şimdi yine sarmıştı onları.

Arkadaşları bile Trompetçi Saffet'in buğulu sesiyle can verdiği vals kelimesinin bu kadar hüzünlü olacağını tahmin etmemişti.

Kemancı Cemi, orada kalırlarsa arkadaşlarının daha şimdiden özlediği İstasyon Meydanı'na geri dönmek istemelerinden korktu. Tek isteği, artık bir an önce alışveriş merkezinde çalmaya başlamalarıydı.

Alkışlayanlar arasında kondüktörü buldu Kemancı Cemi ve yanına gidip, "Çok yorulmamamız lazım. Vagonumuza dönsek iyi olacak," dedi.

Adam kibarca, "Tabii tabii... Lütfen buyurun," diyerek müzisyenlere eşlik etti.

Bu yaptığından dolayı Kemancı Cemi'nin yerine bir kere daha utandı arkadaşları.

Vagonlarına döndüler ve istasyona vardıklarını haber veren tren düdüğüne kadar pencereden dışarıya baktılar.

Trenden indiklerinde, Kemancı Cemi aceleyle garın arkasındaki devasa alışveriş merkezine doğru koşmaya başladı. Arkadaşları acele etmeden takip etti onu. Binanın önüne geldiklerinde, güvenliğin önünde kuyruğa girip içeri girmek için sıranın onlara gelmesini beklediler.

11

Bazen hayatın aklına, bizim aklımıza gelmeyen şeyler gelir

İstasyon Meydanı ilk defa tüm dükkânların kapalı olduğu bir gün yaşıyordu. Gökyüzü gri bulutlarla kaplıydı. Dağılmak bilmedikleri gibi renkleri de gitgide siyaha dönüyordu. Bu can sıkıntısı bulutları, gündüz aydınlığını gece karanlığına çevirmişti âdeta.

Günübirlik ziyaretçilerin bazıları meydanda boş boş dolaşıyor, gidecekleri dükkânların açılmasını bekliyordu. Bazıları da pastanenin vitrini önüne yığılmış içeriye bakıyordu. Öyle ki vitrinin önünü kapatan insan kalabalığı pastaneye gün ışığının girmesini engelliyordu.

Armağan ses kayıt cihazını kucağına koymuş, içindeki kaseti bir ileri bir geri sarıyordu. Ortalığı saran bu sinir bozucu sesi dinleyerek pastanede tek kelime etmeden oturan esnaf, karmakarışık duygular içindeydi.

Nevin Hanım müşterilerin hesabı ödeyip çıkmasını beklemiş, sonra da kapıya "kapalı" levhası asarak yeni müşteri almamıştı içeriye. Balerin Naci ve eşi Nazan lunaparkı kapamıştı. Bebek Amca ve Burhan da dükkânlarını.

Esnaf ve çocuklar, sanki birlikte susmak için İstasyon Pastanesi'ne toplanmışlardı. Lafa nasıl girmeli kimse bilemiyordu. İçlerinde, gökyüzüne toplanan kara bulutların ikizleri vardı. Göz göze geldiklerinde birbirlerinin hüznünü kaldıramayıp başlarını yere eğiyorlardı.

Film Mehmet derin bir iç çekerek, "Terk edildik," dedi sonunda. Sesindeki hüzne dakikalar geçtikçe başka duygular da eklenecekti.

Herkesin bildiği ama söze dökmediği şeyi söylemesiyle pastanenin içindeki hava daha da ağırlaştı sanki. Terk edildiklerinin söylenmiş olması artık bunu aralarında konuşabilecekleri anlamına da geliyordu.

Armağan ses kayıt cihazıyla oynamaya devam ederken Burhan, "Hayır, anlamıyorum, nasıl böyle giderler," diyerek dertleşmeyi ilk başlatan oldu. Şaşkınlığının geçmediği sesinden belliydi.

Tam bu sırada Karaca, Armağan'ın kucağındaki ses

kayıt cihazını sinirle aldı. Armağan da aynı hızla küçük kızdan geri aldı gözbebeğini. Ama bu kez oynamaya cesaret edemedi.

Bebek Amca çocukların takışmasına aldırmadan, "Bizim bilmediğimiz mantıklı bir açıklaması mutlaka vardır," diyebildi bitkin bir sesle.

Yunus, dedesinin lafı biter bitmez gözleri dolu dolu oturduğu yerden kalktı ve onlardan uzakta bir masaya geçti. Kolunu masaya koydu ve yüzünü içine gömdü.

Nazan, çocuğa doğru bir hamle yapmıştı ki Bebek Amca yanında oturan kadının kolundan tuttu ve alçak sesle, "Bırakalım ağlasın. Yoksa açılamaz," dedi.

İç çeke çeke ağlayan Yunus'un sesi arkadaşlarını harekete geçirdi. Karaca, Armağan, Elif ve Erdem küçük çocuğun yanına gidip üzerine kapaklanarak ona sarıldılar.

Çocukların bu halini gören Film Mehmet oturduğu yerden hızla kalktı ve endişeyle volta atmaya başladı.

Nevin Hanım, Film Mehmet'in adımlarına dalıp gitti. Birkaç dakika sonra kendi kendine konuşur gibi, "Dün bir tuhaflardı aslında," dedi. Düşünceli halinden neler döndüğünü anlamaya çalıştığı çok belliydi.

"Birbirimize o kadar emeğimiz geçti. Bir sorun varsa

bile söylemeleri gerekirdi," diyerek isyan etti Balerin Naci. Eşi Nazan, kocasının söylediklerini başıyla onayladı.

Bebek Amca, "Aslında ben de bir tuhaflık olduğunu ne zamandır seziyordum. Özellikle Kemancı Cemi'de," diye ekledi.

Film Mehmet, "Artık film gösteremeyeceğiz, biliyorsunuz değil mi?" diyerek İstasyon Meydanı'nda yıllardır devam eden bir şeyin sonlanacağını hatırlattı. Pastanenin içinde volta atmaya devam ediyordu.

Babasının sözlerini duyar duymaz Yunus'un üzerinden başını kaldıran Karaca, endişeden ve stresten ne yapacağını bilemedi bir an. Gözlerinden yaşlar akıyordu ama sesi çıkmıyordu. Armağan'ın elinden ses kayıt cihazını kaptı ve bu kez o, kaseti bir ileri bir geri sarmaya başladı.

Yunus dahil herkes başını masadan kaldırmış Karaca'yı izliyordu.

Erdem, "Belki başka orkestra buluruz," dedi teselli vermek istercesine.

"Kasabalarda başka müzisyen yok ki. Şehirden de getirtemeyiz, çok para istiyorlar. Üstelik gidenler dostlarımızdı," diye açıkladı Film Mehmet umutsuzca.

Yunus, "Bizi neden bıraktılar?" dedi masumca.

İstasyon Meydanı'nın en küçük üyesinin bunu bu kadar masumca sorması herkese dokundu.

Bebek Amca, "Bazen hayatın aklına, bizim aklımıza gelmeyen şeyler gelir oğlum," diyebildi.

Vitrinin önündeki kalabalık hâlâ dağılmamıştı. Konuşulanları duyacaklarmış gibi kulaklarını cama yapıştıranlar bile vardı içlerinde.

Gözü Karaca'nın elindeki ses kayıt cihazına takılan Elif, "Neden gittiklerini öğrenebiliriz," dedi heyecanla. Bunu söylerken o kadar çok bağırmıştı ki Karaca olduğu yerde zıplamıştı.

Film Mehmet volta atmayı bıraktı, merakla baktı kıza ve "Nasıl?" diye sordu.

Elif hiç nefes almadan açıklamaya başladı:

"Dün biz vals çalışırken Armağan kayıt yapmıştı. Hani dediniz ya, bir tuhaflık vardı diye. Müzik yaparken sürekli kulaktan kulağa konuşmuşlardı. Ne konuştuklarını ses kayıt cihazını dinleyerek öğrenebiliriz belki."

Nazan, Armağan'a heyecanla bakarak, "Oğlum dünkü kayıt nerede?" diye sordu.

"Kasetlerimi sakladığım kutuda," derken çoktan kapıya doğru yürümeye başlamıştı Armağan.

Çocuğun pastaneden çıktığını gören meraklı kalabalık, bir açıklama bekler gibi Armağan'a baktı. O ise kimseye aldırış etmeden, iki katı boyundaki insanları yara yara kalabalığı geçti.

Evlerine vardığında odasındaki kutudan üzerinde *lodos, vals provası, lunapark kahkahaları ve çığlıkları* yazılı kaseti aldı. Koşarak pastaneye döndü.

Nevin Hanım ve oğlu Erdem'i limonata servis ederken buldu Armağan. Yunus, dedesinin kucağına oturmuştu. Ağlamaktan dudakları ve gözleri kıpkırmızıydı.

Bulduğu ilk sandalyeye oturan Armağan, Karaca'dan ses kayıt cihazını aldı, içindeki kaseti çıkarıp bir önceki gününkini koydu.

Pastanedekiler yerlerinden kalkıp Armağan'ın etrafını sardı. Ufak bir daire oluşturmuşlardı.

Armağan kaseti biraz başa sardı ve başlat tuşuna bastı. Alkış seslerini duydular.

"Biraz daha sarmam lazım, bu gösterinin sonu," diye açıklama yaptı. Yine sardı...

Bu kez başlattığında, "Neyse ki burada orkestrayı kaydedebiliyorum," diyen sesini duydu.

Film Mehmet buruk bir gülümsemeyle baktı Armağan'a.

"Başlıyor," dedi Bebek Amca heyecanla.

Maskeli Balo adlı vals çalıyordu. Birkaç dakika sonra Bebek Amca, "Adımlarınızı saymayı unutmayın," diyen kendi sesini duydu.

Müzik devam ediyordu. Çıt çıkarmadan dinliyordu pastanenin içindekiler. Derken Kemancı Cemi'nin sesi duyuldu. Enstrümanların sesi kemancınınkini bastırıyordu ama az da olsa konuştuklarını duymak mümkündü.

Pastanedekiler, ses kayıt cihazının üzerine eğilmiş, pürdikkat Kemancı Cemi'nin ne dediğini anlamaya çalışıyordu. Vitrinin önündekiler de alınlarının, kulaklarının, ellerinin, dudaklarının izini cama çıkarmakla meşguldü.

Kemancı Cemi'nin sesi kesildi. Müzik devam ediyordu. Bir süre sonra Klarnetçi Kenan'ı işittiler. Kayıt cihazına uzak olduğu için onun sesi daha az duyuluyordu.

"Bu hiç anlaşılmıyor," dedi Burhan.

Karaca, "Cemi Abi'nin söylediklerini tekrar dinleyelim mi Armağan?" dedi.

Armağan başa sardı kaseti.

Müziğin başladığı ana denk geldiler bu kez. Biraz dinledikten sonra Kemancı Cemi'nin sesi tekrar duyuldu.

Film Mehmet, "Son mu dedi?" diye sordu arkadaşlarına.

"Hiçbir şey anlamadım ben," dedi Bebek Amca.

Armağan başa sardı kaseti ve tekrar dinlediler ama yine pek bir şey anlamadılar.

Vitrinin önündeki kalabalık, ses kayıt cihazının üzerine eğilmiş dakikalardır uğraşan esnafa bakıyor ve neler döndüğünü bir kediden bile daha çok merak ediyordu.

Kaset başa sarıldı. Tekrar dinlemeye başladıklarında, "Bugün burada son günümüz diyor," dedi Yunus.

Duydukları, pastanedekileri bir kere daha hayal kırıklığına uğrattı.

Film Mehmet, "Bir gün önceden planlamışlar ama bize söylememişler," dedi ağlamaklı bir sesle.

Armağan tekrar başa sardı. Dinlediler. Kemancı Cemi'nin söyledikleri Yunus çözünce anlaşılmaya başlamıştı.

"Evet, evet. Yunus haklı," dedi Balerin Naci.

Bebek Amca, "Armağan başa sar oğlum ve Yunus'a dinlet. Başka ne diyor öğrenelim," dedi.

Armağan yaşlı adamın dediğini yaptı. Ses kayıt cihazını çalıştırıp Yunus'un kulağına doğru uzattı.

Yunus, cihazı kendi eliyle de destekleyerek iyice kulağına yapıştırdı. Başını iki yana sallayarak anlamadığını anlatan bir işaret yaptı.

"Bir daha deneyelim," dedi Karaca.

Bir daha denediler.

Yunus yine başını iki yana salladı.

"Bir daha," dedi Balerin Naci heyecanla.

Armağan'ın küçük parmakları habire kaseti başa sarmaktan yorulmamıştı. Her seferinde aynı titizlikle yapıyordu işini.

Armağan arkadaşının kulağına ses kayıt cihazını tekrar yapıştırdığında Yunus'un yüzü değişti.

Film Mehmet çocuğun bir şeyler daha çözdüğünü anladı ve sordu: "Ne diyor?"

Yunus ne duyduysa söyledi:

"Şehirde bir yerle anlaştım. Yarından itibaren orada çalacağız."

Pastanedekilerin rengi attı. Bu kadarını beklemiyorlardı.

"Şehre gitmişler," dedi Karaca ağlayarak.

Yine başa dönmüşlerdi. Kimse konuşmuyordu.

"Bundan sonra ne yapacağız?" diye sordu Burhan gözleri dolarak.

Bebek Amca'nın müzisyenlere sinirlendiği her halinden belliydi. "Hayata kaldığımız yerden devam edeceğiz," dedi kararlı bir sesle.

"Dedemin filmleri ne olacak?" diye sordu Film Mehmet sesi titreyerek. Cümlesini tamamladıktan sonra daha fazla dayanamadı ve sessiz sessiz ağlamaya başladı.

Vitrinin önündeki kalabalık içeridekilerin kötü bir haber aldığını anlamıştı. Haberi bilmeseler de en az onlar kadar üzülmüşlerdi. Meraktan pastaneyi gözetliyorlardı ama iş artık değişmişti. Üzüntüden suspus olan bu insanları daha fazla dikizleyemezlerdi. Sessizce dağıldılar.

12
Kalbi sıkışan Japon balığı

Bir akvaryumun içindeki kuyruğu gösterişli Japon balığına benziyordu orkestra.

Alışveriş merkezinin en alt katında, küçük bir sahnenin üzerinde çalmaya başlamışlardı. Sahnenin bulunduğu alan aynı zamanda tüm katların cephesinin olduğu bir meydandı.

Oradan oraya koşan, ne aradıklarını bilmeden bir mağazadan diğerine giren müşteriler şahane bir vals eşliğinde gezdiklerinin farkında bile değildi.

Nasıl bir göğün altında olduğunu bilmeyen, gökyüzünden kaç kuş geçtiğini, kaç yıldız kaydığını merak etmeyen insan kalabalığı gitgide artıyordu.

Müzisyenler, bu kalabalığın içinde sanki görünmezdi.

Bir şarkıyı bitirip diğerine geçtiklerini bile kimse fark etmiyordu. *Mavi Tuna* valsini çalmaya başladıklarında, annesiyle birlikte önlerinden geçen bir çocuk el salladı orkestraya. Bu ilk tepkiye sevinçle gülerek yanıt verdiler. Geldiklerinden beri hiç alkış almamışlardı.

Orkestranın çaldığı vals ne kadar zarifse, devasa binadaki düzen o kadar gelişigüzeldi. Giyim mağazalarındaki kıyafetler giyilip giyilip çıkarılıyor, kasa kuyruklarında bekleyenler birbiriyle kavga ediyordu. Yemek katındakiler sanki günlerdir açmış gibi restoranlara saldırıyordu. Buluşmak için burayı seçenler, vitrinlere bakmaktan buluştuğu kişiyle ne göz göze geliyor ne konuşuyordu.

Alışveriş merkezinin birinci katında, tren görüntüsü verilmiş uzun bir araç turluyordu. Çocukların bazıları içinde bulundukları vagonun penceresinden mağaza manzarasını izliyor, bazılarıysa geçtikleri yerlerdeki müşterilere heyecanla el sallıyordu ama kimse onlara karşılık vermiyordu.

Orkestra, dakikalar geçtikçe herkesin nefesiyle havasız hale gelen bu yerden sıkılmaya ve yorulmaya başlamıştı.

Mavi Tuna valsini bitirir bitirmez dinlenmeye karar

verdiler. Enstrümanlarını kutularına koymuşlardı ki iriyarı bir adam yanlarına yaklaştı.

İstasyon Meydanı'na gelip Kemancı Cemi'ye gözdağı veren adamın ta kendisiydi bu.

Kemancı Cemi onu fark eder etmez, "Söz verdiğim gibi, tam zamanında geldik," dedi gururla.

Adam cevap vermedi. Rahatsız edici bir dikkatle süzüyordu müzisyenleri.

Akordiyoncu Salih, "Enstrümanlarımızı nereye koyabiliriz?" diye sordu.

Adam ağzını açmaya neden sonra karar verdi ve "İlerideki tuvaletin yanında bir temizlik odası var. Oraya koyabilirsiniz," dedi.

Klarnetçi Kenan, "Temizlik odası mı?" dedi hayretle. Şaşkınlığını henüz atamamıştı ki Kemancı Cemi, "Tamam," diyerek adamın uzattığı anahtarı aldı. "Haydi beyler," dedi ve temizlik odasına doğru yürümeye başladı.

Arkadaşları söylenerek takip etti onu.

Kemancı Cemi, odanın kapısını açtığında içerisinin ağzına kadar dolu olduğunu gördü.

Trompetçi Saffet, "Şahane!" dedi sinirle.

Kovaları ve temizlik malzemelerini iterek küçük bir

yer açan Kemancı Cemi, "Cevdet, kontrbası ver," dedi.

Kontrbasçı Cevdet, "Ben koyarım," diyerek arkadaşını kenara itti yavaşça. Enstrümanını yerleştirdikten sonra diğer müzik aletlerini de özenle koydu odaya. Zar zor bir düzen sağladıktan sonra kapıyı kilitledi ve Kemancı Cemi'ye dik dik bakarak anahtarı ceketinin sağ cebine koydu.

Trompetçi Saffet papyonunu çıkarıp gömleğinin yaka düğmesini açtı.

Akordiyoncu Salih, "Bir şeyler yiyelim mi?" diye öneride bulundu huzursuz bir sesle.

"İyi fikir," diyen Kemancı Cemi'nin sesi neşeliydi.

Arkadaşları onun nasıl bu kadar rahat olabildiğine hayret ediyordu.

Yürüyen merdivenle en üstteki yemek katına çıkmaya karar verdiler.

Yukarı çıkarken her katta kocaman ekranlar olduğunu fark ettiler. Bu ekranların kiminde bir dağ, kiminde uçsuz bucaksız bir kır, kiminde dalgalı bir deniz manzarası görülüyordu. Her yerde olduğu gibi bu ekranların önünde de kuyruklar vardı. Manzaraların önünde fotoğraf çektiren çektireneydi.

Müzisyenler yemek katına çıktıklarında çılgın kalabalığın içine daldılar. Ne yiyeceklerine bir türlü karar veremediler çünkü hangi restorana gitseler yer yoktu. Oturmak için bekleyenlerin oluşturduğu kuyrukların ucu görünmüyordu.

"Ben vazgeçtim. İştahım kaçtı," dedi Trompetçi Saffet.

Akordiyoncu Salih, "Al benden de o kadar," diyerek destek çıktı arkadaşına.

"Zaten çok vaktimiz yok. Bize sıra gelene kadar birkaç gün geçer," dedi alaycı bir sesle Klarnetçi Kenan.

Kontrbasçı Cevdet, "Ben aşağı iniyorum," diyerek yürüyen merdivenlere doğru seğirtti.

Arkadaşları da onu takip etti.

"Aç açına çalamam ben," diye seslendi arkalarından Kemancı Cemi.

Trompetçi Saffet, "İyi! Sen bir şeyler atıştır, gelirsin yanımıza. Yirmi dakika sonra başlarız," dedi.

Üst katta tek başına kalan Kemancı Cemi, yiyecek bir şeyler bulmak için bakınmaya başladı.

Aşağı inen diğer müzisyenler Kemancı Cemi'nin kemanını ve kendi enstrümanlarını alıp sahne üzerindeki sandalyelere oturdular ve etrafı izlemeye başladılar.

Sessizliği Klarnetçi Kenan bozdu: "Sabah neredeydik, şimdi neredeyiz!"

"Nasıl bir cehenneme düştük biz! Burada yapamam ben," diye isyan etti Akordiyoncu Salih.

"Bir çözüm bulmalı bu işe," dedi Klarnetçi Kenan.

"İyi de nasıl?" diye sordu Akordiyoncu Salih ümitsizce.

"Cemi'nin harcadığı parayı bir şekilde toplayalım ve geri verelim, bırakalım işi," dedi Trompetçi Saffet.

"Cemi'yi ikna ettik diyelim, şu ürkütücü adam ne olacak?" diye hatırlattı Kontrbasçı Cevdet.

"Parayı geri ödeyince zorlayacak değil ya!" dedi sinirle Akordiyoncu Salih.

Onlar bunları konuşurken Kemancı Cemi geldi. Elinde yarısını yediği bir sandviç vardı.

"Muhteşem bir öğle yemeği," dedi Trompetçi Saffet alay ederek.

Kemancı Cemi bozuldu, sandviçin kalanını ağzına attı ve hiçbir şey söylemeden yerine oturdu.

Birkaç dakika sonra sahnede hazırdılar ve kimsenin dinlemeyeceği konserlerine başladılar.

Alışveriş merkezi yeni yeni müşterilerle dolmaya başlamıştı. Ellerinde poşetlerle yüzlerce insan kapılardan çıkıyor ve başka yüzlerce insan kapılardan giriyordu.

Binadaki uğultu, müzisyenlerin çaldığı şarkıyı neredeyse bastırıyordu.

Derken elinde bir kâğıtla yine o iriyarı adam çıkageldi. Eğilip Kemancı Cemi'nin kulağına bir şeyler söyledi ve elindeki kâğıdı verdi.

Enstrümanını çalmayı bırakarak, "Böyle konuşmamıştık," diyebildi Kemancı Cemi. Şaşırdığı her halinden belliydi.

Adam, "Patronun emri," dedi soğuk bir sesle ve bir köşeye geçip izlemeye başladı onları.

Dansa Davet adlı valsi çalan müzisyenler Kemancı Cemi'ye baktı. Bir terslik olduğunu anladılar ve valsi alelacele bitirdiler.

Elindeki kâğıdı göstererek, "Bunları çalacakmışız," dedi Kemancı Cemi mahcup mahcup.

Kontrbasçı Cevdet, "Artık pişmansındır umarım," dedi. Suratı sinirden kıpkırmızıydı.

Trompetçi Saffet yerinden kalkıp listeyi Kemancı Cemi'nin elinden aldı ve şöyle bir baktı. Hiçbir şey demeden üzgünce yerine döndü.

"Ne çalacağımızı bile başkaları belirliyor. Üstelik bir akvaryumun içindeyiz," diye isyan etti Akordiyoncu Salih.

"Tamam, bu kez haklısınız. Ama ne yapalım," dedi Kemancı Cemi çaresizce.

İriyarı adam uzaktan orkestrayı izliyordu.

Klarnetçi Kenan, "Bize bakıyor," diye uyardı arkadaşlarını.

Kontrbasçı Cevdet, "Bugün bir an önce bitsin istiyorum," dedi yalvaran bir sesle.

İstenen parçaları çalmaya başladıklarında bu kez akvaryumun içinde kalbi sıkışan bir Japon balığı gibiydiler.

13

Birileri gittiğinde...

Boş bir sandalye, İstasyon Meydanı'nın tam ortasında duruyordu. Kimileri etrafında dolaşıyor, kimileri önünden geçerken tuhaf tuhaf bakıyordu. Bir süre sonra yorulanların dinlenme yeri oluverdi.

Bebek Amca, pastanede gerçeği öğrendikten birkaç dakika sonra bir sandalye alarak suspus oturan arkadaşlarının yanından ayrılmıştı. Aklında bir planla sandalyeyi meydanın tam ortasına koymuştu.

Yaşlı adamı fark edenler onunla göz göze gelmeye çalışıp ne olduğunu sormak istemişti ama Bebek Amca o kadar üzgün görünüyordu ki kimse ağzını açamamıştı. Dükkâna geri döndüğünde herkesi bıraktığı gibi bulmuştu. Bu yaptığını kimlerin fark ettiğini öğrenmeye çalışmamış ve arkadaşlarının yanına oturmuştu sessizce.

Sıradışı bir günü İstasyon Meydanı sakinleriyle paylaşan günübirlik ziyaretçiler, tüm dükkânlar kapalı olsa da meydanı terk etmiyordu. Gökyüzü artık iyice siyaha dönen bulutlar yüzünden kapkaranlıktı. Gökyüzünün bu tuhaf rengi meydandaki bekleyişi ve boş boş dolaşmaları gizemli, bir o kadar da romantik bir film sahnesine çevirmişti. Kendini pastaneye kapatanlar içeride, ellerinden bir şey gelmeyenlerse dışarıda huzursuzdu.

Derken pastanenin kapısı açıldı ve içeridekiler dışarıya çıktı. Esnaf ve çocuklar ile meydandakiler saniyelerce bakıştılar.

Bebek Amca'nın ilk adımı atmasıyla birlikte İstasyon Meydanı sakinleri boş sandalyeye doğru yürüdü. Sandalyeye yaklaştıklarında onları izleyenler arasında kulaktan kulağa fısıltılar başladı. Armağan bu sırada kaseti başa sarıyordu.

Armağan'dan ses kayıt cihazını alan Bebek Amca, aleti boş sandalyenin üzerine koydu. Balerin Naci ile eşi Nazan, Nevin Hanım ile Burhan, Elif ile Yunus, Karaca ile Armağan, Film Mehmet ile Erdem eşleşti.

Bebek Amca hazır olduklarını gördüğünde kayıt cihazının başlat tuşuna bastı.

Maskeli Balo duyulduğunda çiftler valse başladı.

Şaşkın kalabalığın bakışları ve siyah bulutların altında hayal kırıklığına bulanmış bir dans gösterisi vardı.

Dans edenlerin etrafını saran kalabalık artık çıt çıkarmamaya dikkat ediyordu. Kayıt cihazından gelen ses açık havada cılızlaşıp dağılıyordu.

Çiftler birbirine kenetlenmişti. Sabah yaşadıkları kaba ve kırıcı olaya rağmen hâlâ ne kadar zarif olduklarını göstermek ister gibiydiler.

Bebek Amca dansçıların etrafında dolaşıyor ve adımlarını kontrol ediyordu.

Dans edenlerin her birinin aklından başka başka şeyler geçiyordu. Kalplerinde beş müzisyenle ilgili ne biriktirdilerse şimdi hepsi köşelerinden bir bir çıkıyordu.

Balerin Naci'nin, Akordiyoncu Salih'in müziği eşliğinde Nazan'a evlilik teklif edişi gözlerinin önündeydi âdeta. Ne tesadüf ki Nazan da aynı ânı hatırlıyordu o sırada. İkisinin de yüzünde bir tebessüm belirdi.

Bebek Amca, gülümseyen çifti gördüğünde hayatın devam ettiğine emin oldu. Bakışlarını her dansçının yüzünde gezdirdi ve yüzlerindeki mimikleri, tatlı bir ânı hatırladıklarına yordu.

Valsin ritmi gitgide artıyordu. Dansçılar hızlandıkça etraflarındaki çember genişliyordu.

İzleyiciler gözünü kırpmadan seyrediyordu onları. Duygularını valse taşıyan bu insanların hali herkesi çok etkilemişti.

Dans ettikçe neşeli günleri ve son olanları tekrar tekrar yaşıyordu İstasyon Meydanı sakinleri. Bebek Amca etraflarında hiç olmadığı kadar hızlı dolaşırken o da anılarına bırakmıştı kendi.

Herkes tebessüm ve hüzünle karışık bu gösteriye kapılmışken müzik bitiverdi.

İzleyiciler ve dansçılar öylece kalakaldı bir an. Armağan koşarak ses kayıt cihazının yanına gitti. Kaseti başa sararken herkes ona bakıyordu.

Kimse dans bitsin istemiyordu çünkü sonrasında ne yapacaklarını bilmiyorlardı. Kaseti tekrar tekrar başa sarıp gece yarısına dek vals yapılsa kimsenin itirazı olmazdı.

İstasyon Meydanı sakinleri *Maskeli Balo* valsine yeniden, daha bir şevkle başladılar. İzleyenlerse hâlâ ilk kez izliyormuş gibiydi. Başkalarının duygularını anlamaya çalışmanın hipnotize eden bir tarafı vardı sanki.

Bu yoğunluk içinde kimse ses kayıt cihazının dibine sokularak kulağını ona yapıştıran kadını görmedi.

Kadının bir süre sonra hayretle "Eyvaaaah!" diyerek bağırmasıyla herkes sesin geldiği yöne döndü.

Dans durdu.

Kadın, "Orkestra şehirde bir yerle anlaşmış," dedi izleyicilere bakarak. Bu sırada kayıt cihazından gelen müzik devam ediyordu.

Çok geçmeden haber, köpürdükçe köpüren bir dalga gibi kalabalık arasında yayıldı. İtirazlar yükselmeye başladı.

İstasyon Meydanı sakinleri başlarını önlerine eğdiler.

Terk edildikleri artık herkes tarafından biliniyordu.

Canları bir kez daha çok acıdı.

Kalabalık arasındaki karmaşa arttıkça İstasyon Meydanı sakinlerinin sessizliği derinleşti.

Sonunda, bir vazgeçişe teslim olmak istemeyen Bebek Amca sandalyenin yanına gidip kayıt cihazını durdurdu ve kalabalığa dönerek, "Dükkânlarımızı açıyoruz," dedi kararlı bir sesle. Armağan koşup ses kayıt cihazını aldı.

Dükkânların açılmasıyla yavaş yavaş eski ritmine döndü meydan. Herkesin konuştuğu iki şey vardı: **Yapayalnız**'ın son sahnesi ve orkestranın kaçarak gidişi.

Balerin Naci ile Nazan lunaparktaki aletleri çalıştırdıktan kısa bir süre sonra meydan kahkaha ve çığlıklarla dolmaya başladı. Tıpkı eski günlerdeki gibi. Ama Armağan'ın içinden bu sesleri kaydetmek gelmiyordu. Parmağını yalayıp gökyüzüne doğru kaldırdı. Rüzgâr da yoktu. Sonunda mutsuzluğun, hayal kırıklığının sesini kaydetmeye karar verdi. Cihazın içinden dünün kasetini çıkardı. Gözleri dolarak pantolonunun cebine koydu. Diğer cebinden sabahki kaseti alarak cihaza tekrar taktı. İstasyon Çiçekçisi'ne gitmeye karar verdi.

Çiçekçiye vardığında Film Mehmet'i buket yaparken buldu. Şaşırarak Karaca'ya baktı. Karaca ellerini iki yana açarak başıyla Bebek Amca'yı gösterdi.

Film Mehmet onca çiçeğin içinde susuzluktan solmuş bir çiçeğe benziyordu. Bebek Amca belli ki oyalanması için ona iş vermişti.

Armağan, arkadaşlarının yanına geçti ve kemerindeki ses kayıt cihazının başlat tuşuna bastı.

Film Mehmet'in burun, Bebek Amca'nın iç çekme, Karaca'nın tırnaklarını yeme sesleri; Armağan'ın suskunluğu, Yunus'un oflaması birikiyordu bu kez kasetin içinde. Mutsuzluğun ve hayal kırıklığının sesleri...

14

Trende bir yalnız adam

Bitmeyen bir gün olduğu iddia edilse, orkestranın beş üyesi de hiç tereddüt etmeden alışveriş merkezindeki günün, o bitmeyen gün olduğunu söylerdi.

Yıllardır o küçük sahnenin üzerindeymiş gibi hissediyorlardı. İriyarı adamın verdiği listedeki son şarkıya geçmişlerdi ama hâlâ çaldıklarını sadece kendileri dinliyordu.

Kemancı Cemi'nin rahatlığından eser kalmamıştı. Mavi ceketi terden sırılsıklam olmuş, üzerine yapışmıştı. Gözlüğü yüzünden kayıp duruyordu. Klarnetçi Kenan ve Trompetçi Saffet enstrümanlarını çalarken patlayacakmış gibi görünüyorlardı. Bir gören olsa Kontrbasçı Cevdet'i kontrbasın arkasına saklanıyor zannedebilirdi.

Akordiyoncu Salih kollarının arasında yüz kiloluk bir yük taşır gibiydi.

Son şarkı bittiğinde derin bir nefes aldılar ve toplanmaya başladılar. Çıkış kapısına doğru yürürken iriyarı adam yanlarına geldi. Kemancı Cemi'ye bakarak, "Yarın başka bir grup gelecek. Sizin gelmenize gerek yok. Öbür gün gelirsiniz," dedi. Hiçbir değerleri olmadığını bir kez daha yüzlerine vurmuştu.

Kemancı Cemi o anda, onları can kulağıyla dinleyen ve müziklerini bir yaşam şekli haline getiren dinleyicilerini bir hiç uğruna kaybettiklerini idrak etti.

Akordiyoncu Salih'in, "Haydi Cemi," demesiyle alışveriş merkezinin döner kapısından çıktılar.

Böyle olacağını tahmin etmeyen Kemancı Cemi, arkadaşlarının dünden beri yaşadıklarını şimdi anlıyordu. Adımlarını yavaşlattı ve dostlarının önüne geçmesine izin verdi. Gözleri dolu dolu, arkalarından yürüyordu.

Gara girip biletlerini aldılar ve trene bindiler. Boş bir kompartımana yerleştiklerinde Kemancı Cemi arkadaşlarının yanında duramadı. Koridora çıktı. Trenin diğer ucuna doğru yürümeye başladı.

Bu yürüyüşün sonu olmasın istiyordu. Neyi mahvettiğini düşündükçe yürüye yürüye kaybolmayı diledi. Koridorda birbirini kovalayan çocukların bağrışmaları, açık pencerelerden içeri giren rüzgârın ve açılıp kapanan sürgülü kompartıman kapılarının sesi ona kaybolmadığını hatırlatıyordu. En nihayetinde son vagona geldiğinde geri dönmek zorunda kaldı.

Arkadaşlarının olduğu kompartımana yaklaştığında, karşıdan gelen adamı görünce taş kesildi. Film Mehmet'e o kadar çok benziyordu ki... Adam yanından geçip gitti. Kemancı Cemi, gözden kaybolana kadar arkasından baktı adamın.

Gözleri dolu dolu yürümeye devam etti, ta ki bir tuvalet bulana dek. Tuvalete girdiğinde hıçkıra hıçkıra ağlamaya başladı. Sesi, trenin ritmi hiç şaşmayan melodisine karışıyordu. Ne kadar zaman geçirdiğini bilemeyecek kadar uzun süre kaldı orada. Ağlamaktan yorulduğunda yüzünü yıkayıp çıktı.

Kompartımanlarının önüne geldiğinde içeride kimsenin olmadığını gördü. Panikle kapıyı açtı ve içeri girdi. Sol koltukta kutusundaki kemanını gördü. Diğer müzik aletleri tıpkı arkadaşları gibi ortada yoktu. Kemanı alıp bir hışımla koridora fırladı.

Treni tekrar dolaşmaya karar verdi. Önlerinden geçtiği kompartımanlara bakıyordu. Uyuyanları, kitap okuyanları, yanlarında getirdikleri yemekleri yiyenleri, sanki evlerinin bir odasındaymışçasına kompartımana yerleşip orayı yuva yapanları... Herkesi gördü, arkadaşlarını göremedi.

Restoranın olduğu vagona gitmek geldi aklına. Koşar adım giderken *Kesin oradadırlar,* diye geçirdi aklından. Nefes nefese içeri girdi, arkadaşlarını göremeyince hemen çıktı.

Tam bu sırada tren bir istasyonda durdu. Arkadaşlarının ineceğinden şüphelenen Kemancı Cemi, alelacele elinde kemanı trenden atlayıverdi. Çılgınca koşup etrafına bakıyordu. İstasyonda bakmadık yer bırakmamıştı. Ama ortalıkta yoklardı. En sonunda çaresizlikten arkadaşlarının isimlerini tek tek bağırmaya başladı. Trenin kalkış düdüğünü duyunca üzüntüyle olduğu yerde diz çöktü. Son kalan gücüyle hıçkırarak isimleri sıralıyordu ki trenin penceresinden ona şaşkınca bakan arkadaşlarını gördü. Sevinçle, kalkan trenin peşinden koştu ve hızlanmak üzere olan treni son anda yakaladı.

Kompartımanın kapısını açıp içeri girdiğinde, "Neredesiniz," dedi sitemle ve artık daha fazla dayanamayarak yere yığıldı.

Kemancı Cemi'yi koltuğa yatıran arkadaşları müzisyenin başındaydı. Biri papyonunu çıkarıyor, biri gömleğinin düğmelerini, diğeri pencereyi açıyordu.

İçeri dolan rüzgârla yavaş yavaş kendine gelen Kemancı Cemi gözünü açtığında, ilk konuşan Kontrbasçı Cevdet oldu. "Makinist haber yollamış, yanına gittik. Yemekli vagondaki şarkımızı çok methetmişler. Ona da çalmamızı rica etti," dedi duygusuz bir sesle.

Hiçbir şey söylemedi Kemancı Cemi. Yattığı yerde doğruldu, başını önüne eğdi. Aralarının ne zaman eskisi gibi olacağını merak etti. Yaşadığı korkuyu hâlâ atlatamamıştı. Arkadaşlarının yüzlerine bakmadan, "Kaçtığınızı sandım," diyebildi kendinin bile zor duyabileceği bir sesle.

Trompetçi Saffet, "O işi bir kere yaptık," dedi öfkeyle.

Cevabı duyan Kemancı Cemi bir kez daha kahroldu.

Suskunluğun orkestrasıydılar şimdi. Belki de *Suspus* adlı bir şarkı çalıyorlardı. Uykusuzluktan, yorgunluktan ve üzüntüden hepsinin gözlerinin altında kahverengi halkalar oluşmuştu. Suskunluk gitgide büyüyen bir şeydi ve tam müzisyenler seslerinin neye benzediğini unutacakken tren durdu.

Kemancı Cemi pencereden dışarı baktığında İstasyon

Meydanı tabelasını gördü ve panikle perdeleri kapadı. Akordiyoncu Salih heyecanla ayağa kalkıp kompartıman kapısının perdelerini kapadı. Kontrbasçı Cevdet de kapıyı kilitledi.

Trompetçi Saffet, "Çok yolcu binecek buradan," diye yakındı. Sesinden endişeli olduğu anlaşılıyordu.

Klarnetçi Kenan, "Tanıdık birine rastlamasak bari," dedi âdeta yalvaran bir sesle.

Nefes almaya korkar bir halde ve hiç hareket etmeden dışardan gelen sesleri dinlemeye başladılar.

Kapı birkaç kere zorlandı ama kilitli olduğu anlaşılınca, kompartımanın dolu olduğunu tahmin edenler uzaklaştılar.

Kemancı Cemi pencerenin perdesini aralamış istasyona bakıyordu. İstasyonun arkasında Balerin Naci'nin dönme dolabı görünüyordu. Diğer müzisyenler de dayanamayıp aralanan perdeye doğru yaklaştılar. Sadece bir günde bile dünyalar kadar özledikleri bu yeri görmeye çalışıyorlardı.

Kapının zorlanma sesiyle tedirgin olan Kemancı Cemi perdenin ucunu bıraktı.

Kilidin açılmadığından emin olduktan sonra Akordiyoncu Salih araladı perdeyi bu kez. Arkadaşları da arkasından dışarıyı görmeye çalışıyordu.

Elinde İstasyon Pastanesi'nden aldığı kekle treni yakalamaya çalışan bir kadın gördüler. Koşarken keki yemekten vazgeçmiyordu. Hemen arkasından genç bir kız, elindeki buketi sallayarak hızlı hızlı yürüyordu. Buketin içinden birkaç tane çiçek düşüverdi yere. Düşen çiçeklerden birini genç kızın arkasından koşan adam aldı ve kulağının üzerine iliştirdi gülümseyerek.

Perdenin arkasındaki beş adam da tebessüm etti. Daha fazla dayanamayıp perdenin ucunu bıraktı Akordiyoncu Salih. Arkadaşlarına baktı. Hiç konuşmadan anlaştılar.

Müzik aletlerini alıp kapıya yaklaştılar.

Koridordaki ayak seslerinin kesilmesini beklediler. Birkaç dakika sonra kapıyı açıp sırayla koridora çıktılar. En önde Kontrbasçı Cevdet vardı. Vagonun istasyon tarafındaki kapısına değil de diğerine yürüdü hızlıca. Kapıyı açtığında tren hareket etmişti. Kucağında kontrbası aceleyle atladı. Çakıl taşlarının üzerine bastığında dengesini kaybeder gibi oldu ama çabuk toparladı.

Şimdi yavaş yavaş ilerleyen trenin kapısında Akordiyoncu Salih dikiliyordu. Sırtına taktığı akordiyonu paraşüt gibi duruyordu. O da atladı. Ellerinin üstüne düştü. Düştüğü yerden hemen kalktı ve ellerini birbirine sürtüp temizleyerek bir sorun olmadığına dair işaret yaptı arkadaşlarına.

Geriye Klarnetçi Kenan, Trompetçi Saffet ve Kemancı Cemi kalmıştı ama tren de hızlanmıştı.

Trompetçi Saffet bir elinde enstrümanı, çevik bir hareketle atladı. Klarnetçi Kenan hemen arkasından onu takip etti.

En sona Kemancı Cemi kalmıştı. Trenin kapısında, elinde kemanı aşağıdaki arkadaşlarına baktı. Gitgide

onlardan uzaklaşıyordu. Gözlüğünü çıkarıp ceketinin cebine koydu. Gözlerini kapayıp aşağıya atladı.

Tren o kadar hızlanmıştı ki atladığı noktanın çok ilerisinde bir yere düştü. Yüzüstü kapaklanacak gibi oldu. Vücudu yere dik açı oluşturmuştu. Tökezleyerek ilerliyordu. Ellerini yere koyup hızını yavaşlatınca durmayı başardı. Arkadaşlarından epey uzaktaydı. Koşarak yanlarına döndü. Tren çoktan uzaklaşmıştı. Demiryolunun ortasındaydılar. Ortalıkta kimse kalmamıştı. İstasyon şefi bile çoktan odasına girmişti anlaşılan.

Yine de kimseye yakalanmamak için demiryolu üzerinde birbirlerine sokularak ve eğilerek hızla yürüdüler.

Meydana hemen gidemezlerdi. İstasyon şefliği binasının yanındaki ağaçlarla kaplı alana gitmeye karar verdiler. Ağaçların arasına girip saklandılar. Üstlerine çekidüzen verdiler. Kemancı Cemi papyonunu ve gözlüğünü taktı.

Ağaçların arasında çömelip beklemeye başladılar.

15

Affedilmeyi beklerken

Hava kararmak üzereydi. Ağaçların arasında bekleyen müzisyenler, düğmesine basınca hareket eden minyatür bir oyuncakmış gibi hayranlıkla izliyorlardı İstasyon Meydanı'nı.

Dönme dolabın üzerindeki mor, kırmızı ve mavi ışıklar İstasyon Pastanesi'ne yansıyordu. İçeride tatlılarını yiyenler bu üç renge bürünmüştü. Hızla dönen balerinin sarı ışıkları meydandakilerin üzerinde geziniyordu.

Korku tünelinin girişine döşenen floresanlar yanıp yanıp sönüyordu. Önünden geçenlerin yüzlerini aydınlattığında herkes hortlak görmüş gibi bembeyaz görünüyordu.

Müzisyenler de renklerden nasibini almıştı. Salıncağın istasyona kadar uzanan pembe ışıkları vuruyordu yüzlerine. Oldukları yerde iyice küçülmüş ve birbirlerine yapışmış gibi duruyorlardı. Pembe yüzlerinden mutluluk ve hayranlık okunuyordu.

Günlerce o ağaçların altında kalabilirlerdi. Ekmek istemez, su istemez, uyku hiç istemezlerdi. Bir gün önce onların da dahil olduğu bu güzel hayata tekrar sahip olmak için her şeylerini verebilirlerdi.

Akordiyoncu Salih, "Hiç mi kıymetli hatıramız yoktu şu yerde!" dedi kendi kendine konuşur gibi.

Arkadaşları müzisyenin yüzüne bakınca, Salih dostlarının her birinin gözünün içine bakarak, "Ezip geçtik tüm hatıraları," dedi yorgun bir sesle.

Kemancı Cemi, orkestra çukurunu terk ederken Film Mehmet'le göz göze gelişini hatırlayıp utancından yerin dibine girmek istedi.

Lunaparktakilerin çığlıklarına dalıp gittiler. Bir konser dinliyormuş gibiydiler. Saatlerce izlediler İstasyon Meydanı'nı. İzledikçe kendilerini terk edilmiş hissettiler. Orkestranın olmadığı gün devam etmiş, geceye varmıştı işte.

İstasyona yaklaşan son trenin düdüğü duyulduğunda, meydandakiler dönüş yolu için hazırlanmaya başladılar. Son lokmalar alındı, son kahkahalar atıldı, son çiçekler koklandı, son kez saçlar tarandı.

Günübirlik ziyaretçiler istasyona akın etmeye başladığında Akordiyoncu Salih, "Böyle olmayacak," deyip ayağa kalktı. Arkadaşları müzisyene uzun uzun bakınca, "Bir fikrim var. Önce istasyon şefiyle konuşmalıyız," dedi.

Hiçbir şey sormadılar birbirlerine. Affedilmenin kendi ayağıyla gelmeyeceğini çoktan anlamışlardı. İstasyon şefinin odasına doğru hızlıca yürüdüler.

Açık kapıdan içeri girdiklerinde yaşlı adam sandalyesinde uyukluyordu. Akordiyoncu Salih boğazını temizler gibi yapınca gözlerini açan istasyon şefi, gün boyu kaçış hikâyelerini dinlediği beş müzisyeni karşısında görünce dondu kaldı. Önce rüyada olduğunu sandı. Oturduğu sandalyeden kalkıp yanlarına kadar yürüdü. Tek tek gözlerinin içine baktığında bunun bir rüya olmadığını anladı.

Yaşlı adam bakışlarını yere indirdi. İstasyon Meydanı'nında yaşayanların içindeki müziği susturduğu için orkestraya kırgındı. O kadar ki hiçbir şey söylemek gelmedi içinden.

Akordiyoncu Salih yaşlı adamın omzuna elini koyarak "Yardımına ihtiyacımız var," dediğinde utançtan kıpkırmızı oldu yüzü. Arkadaşları müzisyenin aklında hâlâ ne olduğunu bilmiyordu.

İstasyon şefi ne eğdiği başını kaldırdı ne ağzını açıp tek kelime etti.

Akordiyoncu Salih kararlıydı, vazgeçmeyecekti. "Bir dinle, ondan sonra ver kararını," dedi yalvaran bir sesle.

İsteksizce tamam der gibi başını salladı istasyon şefi.

Akordiyoncu Salih, yaşlı adamın kararından vazgeçmesinden korktuğu için aceleyle aklındaki planı anlatmaya başladı.

☆☆☆

Onlar içerdeyken dışarısı evlerine dönmeye hazırlanan yolcularla dolmaya başlamış, trenin yaklaşan ritmi sarmıştı tüm istasyonu.

O gece istasyondaki herkes bir şeyi bekliyordu. Yolcular treni, müzisyenler istasyon şefinin vereceği cevabı.

Planını istasyon şefine anlatan Akordiyoncu Salih ve arkadaşları, gözlerini kırpmadan yaşlı adamın ağzından çıkacak sözcüğe kilitlendi.

Akordiyoncu Salih'in anlattıklarını sakince dinleyen istasyon şefi bir türlü sessizliğini bozmuyordu.

Akordiyoncu Salih, "Ne diyorsun, var mısın?" diye sordu yalvaran bir sesle.

İstasyon şefi gülerek "Tamam," dediğinde belki de beş müzisyenden umutlusu yoktu o an yeryüzünde.

Şef, odasının içindeki yolcu salonuna açılan kapıyı gösterdi müzisyenlere.

Yolcu salonuna girdi beş adam.

İstasyon şefi dışarı çıkıp kalabalığın arasına karıştığı anda tren gara vardı. Yolculara tüm gücüyle "Trene binmeden önce yolcu salonuna geçmeniz gerekiyor," diye seslendi.

Kimse bu sözlere anlam veremedi. Birkaç kişiyi eliyle buyur ederek salona soktu. Onların hemen ardından dört beş kişilik bir grup merakla salona meyletti. İstasyon o kadar kalabalıktı ki yolcular önlerindekiler nereye giderse onu takip ediyordu. Böylelikle otuz kırk kişi kendini salonda buldu. İçeri girenler müzisyenlerle karşılaştıklarında gözlerine inanamadılar.

Orkestranın orada olduğu haberi yayıldığında salona girmek isteyenler izdiham yarattı. Birkaç dakika içinde tıklım tıkış olan salona girmek artık mümkün değildi. Kapı önünde ise büyük bir karmaşa yaşanıyordu. İtişmelerin bitmesini bekleyen müzisyenler herkese gülerek bakıyordu. Mutluydular. İlk adımı atmışlardı.

Yolcu salonundaki ve kapı önündeki itiş kakış bittiğinde derin bir sessizlik hâkim oldu istasyona. Onca insan bir aradayken ortamın bu kadar sessiz olabileceği kimsenin aklına gelmezdi.

Kalp kıranlar ile kalbi kırılanların ilk karşılaşması tuhaftı. Kalbi kırılanların içindeki kırgın ses içlerinde yükseldi ama ağızlarından tek bir söz bile çıkmadı. Kalp kıranlarsa ne söyleseler yeterli olmayacağını bildikleri için sustular.

Sessizliği istasyon şefi bozdu: "Bize anlatacak çok güzel bir planları var. Onlara yardımcı olur musunuz?"

Yaşlı adamın gizemli konuşmasından sonra dışarıda bekleyen tren artık kimsenin umurunda değildi.

Akordiyoncu Salih'e baktı arkadaşları, sözü ona bırakacaklardı.

Yolcu salonunda heyecanlı dakikalar yaşanırken günübirlik ziyaretçilerin gitmesiyle boşalan İstasyon Meydanı, bütün gün oradan oraya koşmuş, terlemiş, eğlenmiş, gece olduğunda yorgun düşmüş bir çocuğa benziyordu.

Esnaf, gizli bir anlaşma yapmış gibi, müşterilerini uğurladıktan sonra İstasyon Pastanesi'ne gitmişti.

Yorgun bir günün sonunda pastaneye gelen arkadaşlarını sevinçle karşıladı Nevin Hanım. Birbirlerini bırakırlarsa her şey daha kötüye gidecek gibi bir his vardı içlerinde. Kimse bunu itiraf etmiyordu ama her fırsatta bir araya gelişlerinden, herkesin böyle hissettiği çok belliydi. Kalbi kırılanlar birbirini yalnız bırakmak istemezdi.

Nevin Hanım yiyecek bir şeyler hazırlarken çocuklar hep beraber bir masaya yerleşmişti. Film Mehmet, Nevin Hanım'a yardım etmek için tezgâhın arkasına geçti. Bebek Amca, Burhan ve Nazan bir masaya çökmüştü. Küçük şeyler yaparak oyalandılar. Masanın örtüsünü düzeltti Bebek Amca, Nazan yerdeki karoları saymaya başladı, Burhan bacağını sallayarak çocukların oturduğu masaya daldı gitti. Yunus ve Armağan, Karaca'nın saçını örmeye çalışıyordu. Erdem ile Elif çaktırmadan Armağan'ın ses kayıt cihazını kurcalıyordu.

Orkestradan hiç bahsetmediler, aslında pek konuşmadılar. Beraberdiler, hepsi bu.

Uzaklaşan trenin sesini duyduklarında birbirlerine baktılar. Uzun yıllardır yaşadıkları bu yerde kimbilir kaçıncı defa duyuyorlardı bu melodiyi. Gitmeyi ve dönmeyi anlatan bu ses İstasyon Meydanı sakinleri için çok şey demekti.

"Bir gün daha bitti," dedi Bebek Amca. Buruk çıkmıştı sesi.

Yaşlı adam lafını bitirir bitirmez tanıdık başka bir melodi geldi pastanedekilerin kulağına, hayretle birbirlerine baktılar. Dükkândan ilk fırlayanlar çocuklar oldu.

Kapının önüne çıkar çıkmaz gördükleri manzara karşısında gözleri bir yıldızdan daha çok parlayan çocuklar büyülenmiş gibiydi. Onların bu halini gören esnaf, sandalyelerinden rüzgâr gibi kalktı. Dışarı çıktıklarında gözlerine inanamadılar.

İstasyonun önü iğne atsan yere düşmeyecek kadar kalabalıktı. Kalabalığın içinde genç bir adam endişeyle oradan oraya koşuyordu. Çaresizce etrafına bakınırken az ileride vals yapan grubun içinde aradığı kızı görünce hızla ona doğru yürümeye başladı. Dans edenlerin etrafını saran hilal şeklindeki kalabalığı geçen genç adam, dansçıların içine dalıp genç kıza ulaştı. Partnerinden izin alıp onunla dans etmeye başladı. İzleyicilerin arasında şık saç modeliyle dikkat çeken bir kadın, yanındaki adamın koluna girmiş olduğu yerde sallanarak dansa eşlik ediyordu. Elinde çiçeklerle duran bir adamsa valse çok da aldırmadan birini bekliyordu.

İstasyon Çiçekçisi'nin önünde müzik yapan orkestra, bu son sahneyi izleyen İstasyon Meydanı sakinleriyle göze göze gelmeye çalışıyordu. Müzisyenlerin kalpleri o kadar hızlı çarpıyordu ki enstrümanlarının sesinden çok, kalplerinin gürültülü ritmini duyuyorlardı.

ELİF ONAT

1988 yılında Çanakkale'de doğdu. Çanakkale 18 Mart Üniversitesi Eğitim Fakültesi Fen Bilimleri Öğretmenliği Bölümü'nden mezun olduktan sonra yine aynı üniversitenin fizik bölümünde yüksek lisans eğitimini tamamladı. Eşi ve oğluyla Bursa'da yaşıyor ve fen bilimleri öğretmeni olarak çalışıyor. Çocukluğundan beri resim yapmaktan ve çocuk kitapları okumaktan büyük keyif alıyor. Çizim yapmak ve farklı tarzlardaki çocuk kitabı illüstrasyonlarını incelemek, çocukluk anılarını canlandırdığı için onu çok mutlu ediyor.

BURCU AKTAŞ

Burcu Aktaş, 1980'de İstanbul'da doğdu. İstanbul Üniversitesi'nde Antropoloji eğitimi aldı. Uzun yıllar *Radikal* gazetesinde çalıştı. *Radikal Kitap*'ın editörlüğünü yaptı. Selim İleri'nin iç dünyasını anlattığı *Düşüşten Sonra* adında bir anlatı kitabı ve *Çarpık Ev, Durmayalım Düşeriz, İstasyonda Vals* ve *Vahşi Şeyler* isimli dört çocuk romanı kaleme aldı. *Vahşi Şeyler* Sırpça ve Danca dillerine, *İstasyonda Vals* Arnavutçaya çevrildi.